京津冀开发区智库丛书

丛书主编　池宇

开发区法治建设与产业发展研究

郭洪伟　池　宇
马立平　刘　强　著

首都经济贸易大学出版社

图书在版编目（CIP）数据

开发区法治建设与产业发展研究 / 郭洪伟等著. -- 北京：首都经济贸易大学出版社, 2021.11

ISBN 978-7-5638-3275-0

Ⅰ.①开… Ⅱ.①郭… Ⅲ.①社会主义法治—建设—研究—华北地区 ②区域经济发展—产业发展—协调发展—研究—华北地区 Ⅳ.①D920.0 ②F127.2

中国版本图书馆CIP数据核字（2021）第187497号

开发区法治建设与产业发展研究

郭洪伟 池 宇 马立平 刘 强 著

Kaifaqu Fazhi Jianshe Yu Chanye Fazhan Yanjiu

责任编辑 晓 云

封面设计 陈 澍

出版发行 首都经济贸易大学出版社

地 址 北京市朝阳区红庙（邮编 100026）

电 话 （010）65976483 65065761 65071505（传真）

网 址 http：//www.sjmcb.com

E-mail publish@cueb.edu.cn

经 销 全国新华书店

照 排 北京砚祥志远激光照排技术有限公司

印 刷 唐山玺诚印务有限公司

成品尺寸 170毫米×240毫米 1/16

字 数 211千字

印 张 12.5

版 次 2021年11月第1版 2021年11月第1次印刷

书 号 ISBN 978-7-5638-3275-0

定 价 69.00元

总　序
General Introduction

位于华北平原的北京市、天津市、河北省，即京津冀地区，同属京畿重地，东濒渤海，西靠太行，自古以来地缘相接、人缘相亲、渊源久远、一脉相承。新中国成立以后，特别是改革开放以来，京津冀地区社会经济快速发展，以约占2.3%的国土面积，实现了约占全国10%的经济总量，成为中国北方经济规模最大、最具活力的地区，成为中国政治、文化、国家交往、科技创新、经济发展核心和辐射带动区。

2014年2月26日，习近平总书记在北京考察工作时指出：实现京津冀协同发展，是面向未来打造新的首都经济圈、推进区域发展体制机制创新的需要，是探索完善城市群布局和形态、为优化开发区域发展提供示范和样板的需要，是探索生态文明建设有效途径、促进人口经济资源环境相协调的需要，是实现京津冀优势互补、促进环渤海经济区发展、带动北方腹地发展的需要，是一个重大国家战略，要坚持优势互补、互利共赢、扎实推进，加快走出一条科学持续的协同发展路子来。

2015年4月30日，中共中央政治局会议审议通过《京津冀协同发展规划纲要》，明确了京津冀协同发展的战略意义、总体要求、定位布局和相关任务，描绘了京津冀协同发展的宏伟蓝图，为形成京津冀协同发展强大合力提出了行动指南。

国家级开发区作为体制改革的试验田、对外开放的窗口、经济发展的引擎，30多年来，为国民经济的发展做出了突出贡献。目前，国家级开发区（包括219个国家级经济技术开发区、145个国家级高新区）的GDP总量约占全国的25%，已成为科学技术创新、产业转型升级、企业提质增效、对外交流开放乃至国民经济整体发展的主力军、主战场和动力源。

在推动京津冀协同发展的历史潮流中，国家级开发区自觉地承担起应有的历史使命。2015年7月16日，京津冀13个国家级经济技术开发区与中国开发区协会、京津冀三地开发区协会等，在北京共同发起成立了“京津冀开发区创新发展联盟”。2016年4月1日，国务院办公厅印发了《关于完善国家级经济技术开发区考核制度促进创新驱动发展的指导意见》（国办发〔2016〕14号），文件中明确提出：“鼓励国家级经开区按照国家区域和产业发展战略共建跨区域合作园区和合作联盟。依托京津冀开发区创新发展联盟，促进常态化的产业合作、项目对接和企业服务，提升区域合作水平。”

新中国成立后特别是改革开放以来，中国产业特别是制造业得到了跨越式的发展。2010年，中国超越美国成为全球制造业产出最高的国家。目前，中国制造业占全球制造业的比重已超过20%。在国际标准工业分类中，中国制造业在7个大类中占世界比重名列第一，钢铁、水泥、汽车等220多种工业品产量居世界第一位。

中国产业在快速发展中也显现出一些突出问题。与世界先进水平相比，中国制造业大而不强，在自主创新、资源利用、产业结构、质量效益、工匠精神和品牌建设等方面差距明显，转型升级和跨越发展任重道远。开发区作为产业发展的排头兵，在产业革命的机遇和挑战面前理应继续走在前面。

京津冀开发区产业协同发展和转型升级的关键在于创新，在于对国家重大战略的研究、落实，在于经济社会资源的整合、共享，在于发展和服务模式的探索、尝试。

“京津冀开发区智库丛书”将以京津冀开发区产业发展为核心，“立足区域、服务全国、辐射全球”，聚焦国家战略，反映历史进程，剖析实际问题，研究发展规律，探索创新路径。智库丛书内容涉及综合发展、产业经济、区域经济、投资促进、企业转型、技术创新、质量品牌、人力资源、投资融资和政策法规等多要素、多角度、多领域。

“京津冀开发区智库丛书”编写工作将以“京津冀开发区创新发展联盟”和首都经济贸易大学合作组建的“产业发展研究中心”为主要工作团队，坚持“政产学研用”协同创新原则，汇聚各方力量，互学互鉴，充分交流，共同探索创新发展新路径、共同培育创新发展新引擎。

京津冀开发区智库丛书编委会

2017年3月19日

General Introduction

Beijing City, Tianjin City and Hebei Province, known as the Jing-Jin-Ji region, located on the North China Plain, are the capital city and its environs. The East of the region is near Bohai and the west of it is near the Taihang Mountains. Since ancient times, they had the geographical connections, popular dating, long history, and the same strain. Since the founding of The People's Republic of China, especially since China's reform and opening to the outside world, the social economy in Jing-Jin-Ji region has been enjoying rapid development. The limited 2.3% land area has yielded about 10% of the country's total economic output. Commonly regarded as the core area of politics, culture, communication, science and technology innovation, it has been the largest and most dynamic region in North China's economy, and it is also the radiation area of national economic development.

On February 26, 2014, General Secretary Xi Jinping pointed out during his inspection work in Beijing: Achieving the coordinated development of Jing-Jin-Ji region is to build a new oriented capital economic circle for the future, to push forward the innovation of regional development system and mechanism, to explore and perfect the layout and shape of the urban agglomeration and to provide an example and model for optimizing the development of the regional development; to explore and improve the layout and form of city group, demonstration and model for the optimal development of regional development needs, to explore the ecological civilization construction, to promote the coordination of population, economy, resources and environment; to realize the complementary advantages of Jing-Jin-Ji region, to promote the development of the Bohai economic zone and to drive the development of the northern hinterland. It is a major national strategy to adhere to the principle of complementary advantages and solid progress, to speed up a scientific and sustained way of coordinated development.

In April 30, 2015, *The Jing-Jin-Ji Collaborative Development Plan* was approved by the Political Bureau of the Central Committee Meeting, clearing the strategic significance of the coordinated development of Jing-Jin-Ji region, the general requirements, the location layout and the related tasks. It also described the grand blueprint of Jing-Jin-Ji coordinated development, putting forward guidelines for the formation of powerful force for the coordinated development of this region.

As the experimental field of the system reform, the window of opening to the outside world and the engine of economic development, the state-level development zones have made outstanding contributions to the development of the national economy over the past 30 years. At present, the National Development Zones (including 219 state-level Economic and Technological Development Zones, 145 national high-tech zones) produce 25% of China's GDP. These zones have been the main force, the main battlefield and the power source of the scientific and technological innovation, the industrial transformation, the updating of enterprise quality and efficiency, the foreign exchanges and opening up, and even the overall development of the national economy.

In the historical trend of promoting the coordinated development of Beijing, the Jing-Jin-Ji region, the state-level development zones have consciously undertaken their historical mission. In July 16, 2015, 13 state-level Economic and Technological Development Zones in the Jing-Jin-Ji region, working together with China Development Zone Association and the Jing-Jin-Ji Development Zone Association sponsored the establishment of The Innovation and Development League of the Jing-Jin-Ji Development Zone. On April 1, 2016, the document of

On *Improving the Assessment System of National Economic and Technological Development Zone Guidance to Promote the Development of Innovation Driven* was issued by the State Council.(issued 〔2016〕14 document). It clearly pointed out that "the national economic development zones are encouraged to build cross regional cooperation parks and cooperation alliances in accordance with national, regional and industrial development strategies, that the Jing-Jin-Ji Development and Innovation League will play an active part in promoting the normalization of industrial cooperation, project docking and enterprise services, to enhance regional cooperation level."

Since the founding of the People's Republic of China, especially since the reform and opening to the outside world, China's industry, in particular the manufacturing sector, has made a prodigious development. In 2010, China overtook the United States as the world's largest producer of manufactured goods. At present, China's manufacturing sector has accounted for more than 20% of the total amount of the whole world. In the international standard industrial classification, the proportion of China's manufacturing industry in the world ranks first among the 7 major categories, and more than 220 kinds of industrial products, such as steel, cement and automobiles, rank first in the world.

The rapid development of the industry has also highlighted some problems. Compared with the internationally advanced level, Chinese manufacturing industry is large in scale but not powerful in quality. There exists an obvious gap between China and the developed countries in independent innovation, resource utilization, industrial structure, quality, efficiency, the artisan spirit and brand building. Transformation upgrading and leapfrog development have a long way to go. As the vanguard of industrial development, the development zone should continue to move ahead in the face of opportunities and challenges of the industrial revolution.

There are several keys to the transformation and upgrading of the coordinated development of Jing-Jin-Ji Industrial Development Zone, including the innovation, the research and the implementation of major national strategy, the integration of economy and society, the resources sharing, the exploration and experiments of the development and service mode.

The Jing-Jin-Ji Development Zone Think Tank Series focuses on the industrial development of the Jing-Jin-Ji Development Zone, adhering to the principle of having the foothold area, contacting comprehensively, radiating globally, focusing on the national strategy and reflecting the historical process. The series will analyze the practical problems, study the law of development law and explore the innovative path. *The Think Tank Series* covers multi factors, multi angles and multi domains, including the comprehensive development, industrial economy, regional economy, investment promotion, enterprise restructuring, technological innovation, brand quality, human resources, investment and financing investment, policies and regulations.

The major working team involved in the compilation of *The Jing-Jin-Ji Development Zone Think Tank Series* is the Industrial Development Research Center, founded by the Tianjin Development Zone Innovation Development Alliance and Capital University of Economics and Business. We will adhere to the principle of collaborative innovation of politic, industry, teaching and research, to converge forces from all aspects, to strengthen mutual learning, to have full exchange, to explore the new path of the innovation and development, and to foster new engines of innovation and development jointly.

The Editorial Board of the *Jing-Jin-Ji* Development Zones Think Tank Series

March 19, 2017

前　言

Preface

“京津冀开发区智库丛书”的第三本书——《开发区法治建设与产业发展研究》与大家见面了。2017年9月，丛书的第一本书《京津冀国家级开发区产业发展环境研究》出版发行；2019年3月，丛书的第二本书《京津冀开发区产业协同发展研究》出版发行。多年来，丛书编委会始终坚持立足开发区发展建设，聚焦国家战略，反映历史进程，剖析现实问题，研究发展规律，探索创新路径的总体思路，努力为开发区的创新发展、转型升级铺路搭桥。

法治是最好的营商环境。经过40多年的发展，我国各级各类开发区已经成为国民经济发展的主力军，成为战略性新兴产业发展的主阵地。总结过往，着眼未来，推进开发区快速、高质量发展的最重要的影响因素之一就是产业发展环境（即营商环境）的营造，其中，对开发区产业发展起到根本保障作用的正是法治建设。

大智立法。2021年1月，中共中央印发的《法治中国建设规划（2020—2025年）》明确指出：“加强重点领域、新兴领域、涉外领域立法。”“加强京津冀协同发展、长江经济带发展、粤港澳大湾区建设、长三角一体化发展、黄河流域生态保护和高质量发展、推进海南全面深化改革开放等国家重大发展战略的法治保障。”

作为“京津冀开发区智库丛书”系列的第三本书，本书承袭了前两本书注重实践探索的风格。本书回顾了

40年来开发区法治建设的基本历程，剖析了重点产业和代表性开发区产业发展与法治建设的基本脉络，特别是从微观角度分析了产业发展和企业法律服务中的公共法律服务问题。最后，对开发区法治建设体系的构建进行了全视角的探讨，提出了宏观上出台国家层面促进开发区发展的法律，中观上不断完善战略性新兴产业（高新技术产业）及开发区协同发展的法律法规，微观上逐步提升企业公共法律服务水平等建议，努力探索法治开发区的建设路径和治理体系。

本书由丛书编委会组织撰写，感谢首都经济贸易大学法学院陈磊老师参与本书的审校，首都经济贸易大学徐生霞、程欢、范静芸、付佳琪、翟力红、刘玉娇、尉晓燕等博士生、硕士生参与了本书的撰写工作。首都经济贸易大学出版社的杨玲社长和薛捷老师为本书的出版付出了很大努力。本书的撰写得到了京津冀开发区创新发展联盟等相关部门的大力支持，在此一并表示感谢。

本书使用了大量数据资料，作者已尽量核实其准确性并标注资料来源。特别声明，由于获取手段和获取时间的限制，书中涉及的相关数据仅供参考，所有数据以各经济技术开发区发布的最新数据为准。

囿于时间仓促，加之作者水平有限，书中难免有错漏之处，恳请广大读者批评指正。作者联系邮箱：gg78911@126.com。

Preface

The Research on Legal Construction and Industrial Development of Development Zone, the third book of the *Beijing-Tianjin-Hebei Development Zone Think Tank Series*, has completed and come out. The first of the series, *The Research on the Industrial Development Environment of Beijing-Tianjin-Hebei National Level Development Zone* was published in September 2017; while the second, *The Research on Coordinated Industrial Development of Beijing-Tianjin-Hebei Development Zone* was published in March 2019. Over the years, the editorial board has always adhered to the principles of standing on the development and construction of the development zone, focusing on the national strategy, reflecting the historical process, analyzing the practical problems, studying the law of development and exploring the innovative path, aiming at paving the way and building the bridge for the innovative development, transformation and upgrading of the development zone.

A Law-based society is the best business environment. developing for over 40 years, all levels and types of development zones have become the main force of national economic development, and the battle position of strategic emerging industry development. When we look backward and looking to the future, we find that one of the most important influencing factors that facilitate the rapid and high-quality development of the development zone is the construction of industrial development environment (that is the business environment), while the legal construction is the fundamental guarantee for the industrial development of the development zone.

Legislate with great wisdom. *The Plan to Build the Rule of Law in China (2020-2025)*, issued by the Communist Party of China (CPC) Central Committee, states clearly that it need to strengthen the legislation of key field, emerging field and foreign-related field, and to strengthen the legal safeguard for national major development strategies, such as the coordinated development of Beijing-Tianjin-Hebei zone, the development of Yangtze River Economic Belt, the construction of Guangdong-Hong Kong-Macao Great Bay Area, the integrated development of the Yangtze River Delta, the ecological conservation and high-quality development of the Yellow River Basin, and furthering all-round reform and opening up of Hainan, etc.

As the third book of the *Beijing-Tian-Hebei Development Zone Think Tank Series*, this book follows the spirit of laying emphasis on practical exploration as the previous books. It reviews the legal construction journey of the development zone in the past 40 years, and analyzes the evolution of the development and legal construction of key industries and the representative development zone industries. It analyzes the public legal service issues of industrial development and corporate legal services on a micro-level. In the end, it probes with a full view of the legal system construction of the development zone, and proposes on macro-level to promulgate the state-level law that facilitate the development of the development zone, on medium-level to continuously perfect the rules and regulations of the strategic emerging industry (high and new technology industry) and the coordinated development of the development zone, and on micro-level to improve gradually the corporate public legal service, aiming at exploring the construction path and governance system of the rule of law in the development zone.

This book is compiled by the editorial board. I would like to express my sincere thanks to Prof. Chen Lei from Law School of CUEB for his reviewing of this book, Xu Shengxia, Cheng Huan, Fan Jingyun, Fu Jiaqi, Zhai Lihong, Liu Yujiao, Yu Xiaoyan and other Ph.D. and postgraduate students from CUEB for their work. My deep gratitude also goes to Yang Ling, the president of CUEB Press, and editor Xue Jie for their strong supports that made the publishing of this book come true. I would also express my heartfelt thanks to the Beijing-Tianjin-Hebei Development Zone Innovation Development Alliance and other institutes for their great support to the completion of this book.

This book includes substantial datas, and the author has tried best to verify the accuracy of the datas and has marked the sources. I would like to acknowledge specially that, due to the limited methods and time of data collection, all the relevant datas in this book are for reference only and subject to the latest datas released by the economic and technological development zones.

Due to the limited time and my limited knowledge, there might be some mistakes and flaws in this book, and please don' t hesitate to contact me through email gg78911@126.com.

Contents 目录

Contents

1 绪 论

- 开发区诞生的背景与功能分类
- 开发区的建设发展

开发区（Development Zone）一般是指基于市场需求或政府的指引，在指定区域内，结合政府宏观调控、市场机制及独立的经济主体行为，发展具有带动作用的特定产业、高新技术产业和创新产业，形成具有综合功能的特定产业发展区域。开发区作为促进地区经济发展的重要载体，伴随着社会经济的发展不断成长壮大。

1.1 开发区诞生的背景与功能分类

世界上很多国家都建有自己的开发区，开发区对当地经济的拉动与贡献日益增长。根据国家发改委2018年发布的《中国开发区审核公告目录》，我国共有开发区2 543家，其中，国家级开发区552家，省级开发区1 991家。

1.1.1 国（境）外开发区的诞生

开发区起源于西方资本主义国家，最早可追溯至古代腓尼基（Phoenicia）的迦太基城（Carthago City）。当时，为了保证外国商船的自由通行，制定了特殊政策，从而使这个地区变成特殊区域——“开发区”。此后，西方国家为了扩大国家间的商品自由流通，采用各种不同的发展方式，不仅向其他国家输出资本，而且不断地将附加值较低的劳动过程转移至国外，开发区就是在这样的背景下诞生的，并成为西方国家扩张过程中谋求利益最大化的经济载体。1228年，法国南部马赛港的部分港区被划出一定区域，设置为自由贸易区，以便让外来货物自由出入港口，免去进出口的相关税费，这个区域被很多学者认定为最早的开发区。此后，意大利热那亚、德国汉堡等地区也被所在国家设为自由港或自由贸易区。随着资本主义经济自西向东的逐步扩张，开发区逐渐扩散至世界各地，其类型也随之增多。20世纪80年代以来，随着经济全球化进程的加速，科学技术不断发展，市场化水平不断提高，开发区已经成为提升区域经济发展水平的重要载体。随着国际分工合作日益紧密，市场竞争日趋激烈，各国（或地区）为了能获取更大的发展空间及更多的经济成就，纷纷划出特定的区域建立各种类型的开发区，并通过特殊激励政策，引入先进技术及管理经验，促进经济贸易发展、财政收入增加，从而创造就业机会，实现经济社会的发展与超越。

1.1.2 我国开发区的诞生

1978年12月18日，中国共产党第十一届三中全会的胜利召开，开启了中国改革开放的历史性序幕。在此期间，拉开改革开放序幕的制度设计包括：区域开放，引进先进技术和设备，利用外资设立外商投资企业，扩大对外贸易和涉外旅游等。而其中，最具代表性、影响最为深远的一个重要起点当属在广东深圳（宝安县蛇口公社）设立工业区（开发区的前身），在工业区内综合利用来自香港等地的境外资金、技术设备及经营管理经验，充分发挥内地的廉价土地和劳动力优势，创办外商投资企业。1979年7月20日，广东蛇口工业区基础工程正式破土动工，标志着中国开发区建设的大幕正式拉开。

随着我国改革开放的不断深入，深圳、珠海、汕头、厦门经济特区相继建成，开发区开始在我国沿海地区生根发芽。1984年5月，我国开放大连、天津、上海、广州等14个沿海港口城市和海南岛，在这些开放的沿海港口城市建设经济技术开发区，以便推广经济特区取得的经验和成就。通过实行特殊经济政策，扩大其自主权限，给予境外投资者以优惠待遇，更大规模地利用国外资金、引进先进技术和管理经验等，使我国对外开放的步伐更快，开放力度更大。

1984年9月25日，国务院批准建立大连经济技术开发区，这是我国第一个真正意义上的经济技术开发区，被誉为“神州第一开发区”。后来，秦皇岛、烟台、青岛、宁波、广州、湛江、天津、连云港、南通等地的10个经济技术开发区相继获国务院批准建立。到20世纪80年代末，我国共建设完成14个国家级经济技术开发区。至此，我国开发区建设走上以发展现代工业、吸收利用外资、拓展外贸出口为主的快车道。

1985年3月，中共中央发布《关于科学技术体制改革的决定》，提出“为加快新兴产业的发展，要在全国选择若干智力资源密集的地区，采取特殊政策，逐步形成具有不同特色的新兴产业开发区”。1988年3月，北京市新技术产业开发试验区启动建设，这是我国首个由国务院批准的高新技术产业开发区，即现在的中关村科技园前身。随后，为了进一步扩大开放，促进经济发展，我国先后批准设立了保税区、边境和跨境合作区、旅游度假区等多种类型的开发区。

由此可见，设立开发区吸引外资、技术，兴办外商投资企业是中国改革开放的一个最为鲜明的标志。开发区作为“对外开放的窗口，改革的试验田”，不断在创新发展，一直走在改革开放的最前沿，为中国社会经济发展做出了重要贡献。

开发区建设之初，面临着极其复杂的政治经济基础和社会发展环境，更加缺乏法治保障，一切工作都要“摸着石头过河”。深圳市创办经济特区（蛇口工业区）时，国家没有提供相应的财政支持和拨款，只批准了两项特殊政策：第一，500万美元以下的工业项目自主审批；第二，可以向外资银行贷款。我国的开发区就是在一片“姓社还是姓资”的争论中，由中央出面克服地方“卡脖子”等官僚主义绊脚石，无数次的各级领导视察、讨论、会议、批示等环境下诞生并发展起来的。也可以说，这就是我国开发区诞生之初的宏观法治环境。

从开发区的功能定位来看，早期开发区的定位为“三为主、一致力”，即工业为主、引进外资为主、出口为主，致力于发展高新技术产业，努力使经济技术开发区成为我国外向型经济发展的重要载体。随着我国社会经济的不断发展，开发区不断发展壮大，其面临的经济环境也在不断变化，开发区的发展定位及历史责任也被赋予新的内容。在享受各项优惠政策的同时，开发区努力向开放度更大、机制更活、体制更新、功能更全的现代化、国际性综合新城区升级演变。开发区作为我国对外开放的窗口，一方面在外向型经济当中扮演着重要的角色，另一方面其“技术”含量也越来越高，正在朝着经济与技术协调发展的新目标迈进。

总结可以看出，我国设立开发区有三大目的：第一，设立开发区的初衷主要是吸引外资、学习先进的制造技术，扩大出口创汇，同时用自主生产替代先进材料和零部件的进口，接纳国际资本和产业转移。第二，在沿海城市设立经济技术开发区是我国对外开放战略的重要组成部分，是对珠海、深圳、厦门、汕头四个经济特区成功经验的推广和应用，以便获取更大的经济发展成果。第三，通过开发区建设将对外开放与发展国内工业基础相结合，实现经济的腾飞。在沿海城市设立经济技术开发区可以充分发挥沿海港口城市的优势，是对外开放与发展国内工业基础相结合的尝试。

1.1.3 开发区的功能与分类

在特定的发展背景下，为了促使开发区快速发展，发挥辐射、带动、促进作用，为本国或本地区经济社会发展做出贡献，开发区实行了有别于其他行政区的特殊的管理政策和经济政策。开发区的建设与管理涉及三个主体——企业、园区、政府管理部门，这三者分别体现开发区的需求、供给和体制特征。需求特征是指开发区作为工业发展的选择，对企业而言存在企业竞争行为，关乎企业发展战略和交易成本，涉及企业选址和周围营商环境问题；供给特征是说开发区是一种产品，土地问题、市场推广安排、发展成本与质量、发展模式、生命周期和竞争优势的维护都是其关键要素；同时，开发区作为体制的载体，要遵从政府管理部门的宏观经济安排，承载当地的社会经济发展重任，具备可持续性。

开发区作为对外开放的窗口具有很大优势，其功能及发展特点表现为：第一，吸引外资最为集中。据报道，我国国家级经济技术开发区贡献了全国1/5的利用外资、进出口贸易额和工业增加值。第二，经济增长快。这表现在我国开发区的国内生产总值（GDP）增速高于全国平均水平。第三，产业结构更合理，层次更高。大部分经济技术开发区的产业结构已经被优化，其结构层次相对高于周边地区，园区企业多以资金密集型企业和高新技术企业为主。第四，大中型企业的示范带动作用明显。很多开发区内都有一批发展较好的大中型骨干企业，其中还有很多技术先进的高科技企业，这些企业对当地经济发展起着示范带头作用，对当地经济发展贡献较大。

由前面论述可知，开发区是由政府主管部门批准在特定区域内设立的，具有明确地域范围的，实行特殊管理体制，享受国家特定优惠政策的经济功能区，对我国构建开放型城市战略有重要作用。一直以来，开发区的概念较为宽泛，其产生、发展与国际贸易有密切联系。随着时间的推移，因地域差异和功能类型有所不同，开发区的内涵及外延也在发展变化。根据产业发展定位不同及服务对象的差异，我国开发区大致可分为经济技术开发区、高新技术产业开发区、海关特殊监管区（含保税区）、边境和跨境合作区、旅游度假区等几种类型。从更广泛的角度来说，经济特区、自由贸易试验区等也可看作特殊的“开发区”。

在我国改革开放初期，为了吸引国外资金和技术、发展外向型经济，建成了一批经济技术开发区，通过采取特殊政策、营造优良环境促进经济的发展。经济技术开发区建设之初致力于发展先进技术，以发展工业为主，以吸引外商投资为主，以产品出口创汇为主，积极引进国家发展建设急需的各类先进技术项目，特别是技术密集型的项目和新兴工业项目。随着我国开发区的建设发展，国家级经济技术开发区的数量迅速增加，经济贡献日益提升，在利用外资、对外开放、发展经济、增加就业以及实施区域发展战略等方面发挥了重要作用。2019年5月，国务院印发《关于推进国家级经济技术开发区创新提升打造改革开放新高地的意见》，从提升开放型经济质量、赋予更大改革自主权、打造现代产业体系、完善对内对外合作平台功能、加强要素保障和资源集约利用五个方面提出了共22项任务举措。经济技术开发区创新升级进入了关键时期，这对加快推进经济技术开发区高水平开放、高质量发展具有重大意义。

高新技术产业开发区也是较早的一类开发区，它基于我国科技实力和工业基础优势，借用外资和先进技术，创造局部优化的科技创业和高新技术产业环境，发展具有自主知识产权的高新技术产业，建立科技产业化体系。

海关特殊监管区一般设立在港口作业区及与其相连的特定区域内，具有国际中转、国际配送、国际采购、国际转口贸易、出口加工、商品展示、口岸管理等功能。

保税区是经政府主管部门批准设立的，由海关设置的或经海关批准注册、受海关监督和管理，能较长时间存储保税商品的区域。保税区具有保税仓储、出口加工、转口贸易三个主要功能，享有“免证、免税、保税”政策，是享受相关政策最优惠的经济区域之一。保税区一般实行“境内关外”运作方式，是我国对外开放程度最高、运作机制最便捷的一类开发区。

边境和跨境合作区是我国为了加强与周边国家的产业合作、边民往来而建立的发展边境贸易和加工出口的区域。边境和跨境合作区一般设置在沿边开放城市，有利于促进我国外交和兴边富民战略的实现。

旅游度假区是国家主导构建的旅游目的地，最初以引进外资为主，其主要目的是开发利用国内丰富的旅游资源，加快我国旅游业的发展。

自由贸易试验区（以下简称自贸区），是一类特殊的开发区。与前述的各类开发区相比，自贸区享受更优惠的政策，具有更大的开放度。2013年8月22日，经国务院正式批准，中国（上海）自由贸易试验区正式成立（以下简称上海自贸区）。上海自贸区能享受更大的贸易自由及投资便利性，有助于区域经济发展，促进国际投资、金融、贸易、物流航运等相关产业的发展，推动上海早日建成国际金融中心、航运中心及贸易中心。

经济技术开发区与高新技术产业开发区、保税区等交相辉映，不仅成为我国改革开放总体战略的组成部分，而且已经成为我国对外开放格局的坚实支柱和发展外向型经济的重要基地①。

本书主要以经济技术开发区为例，从法治建设与产业发展的视角，阐释开发区的发展历程与规律。同时，本书也会涉及高新技术产业开发区以及经济特区、自贸区等特殊的“开发区”。

1.2 开发区的建设发展

回顾世界开发区的发展历史，不难看出，世界开发区大体经历了最初的自由港或自由贸易区的单一贸易功能，向出口加工区的工业、贸易双重功能，再向综合型经济特区的承载多种功能转变，不断发展完善。这个过程由单一功能向综合功能、由低层次向高层次方向逐步发展，既展现了一定历史条件下开发区的地位与所起的特定作用，也体现了世界开发区发展的一般规律。

1.2.1 开发区的发展历程

从世界范围来看，开发区诞生、发展、演变到今天已经过了很多年，由初期的港口特区、自由贸易区及出口加工区等功能单一的开发区，逐步发展到功能多样的高端化和产业化园区，如著名的美国硅谷、我国台湾新竹和新加坡裕廊等产业园区，已成为促进地方经济乃至国家和区域经济发展的重要力量。开发区的发展与所在城市的发展息息相关，从某种程度上讲，开发区的发展是所在城市发展转型的重要促动因素。世界开发区整体发展进程大致可以分为三个阶段②（如表1.1所示）。

---

① 陈益升. 经济技术开发区在中国的发展［J］.科技管理研究，2000（6）：1–4.

② 黄元明.开发区产城互动趋势及规划对策研究［D］.武汉：华中科技大学，2014.

表1.1 世界开发区发展阶段划分

阶段	时间	特点	经济活动
第一阶段：起步阶段	第二次世界大战前	数量、规模有限，以发达国家居多	以对外贸易和转口贸易为主
第二阶段：发展阶段	第二次世界大战结束至20世纪70年代	数量由少到多，规模由小到大	由流通贸易型为主转为生产型为主，引进外资发展出口工业
第三阶段：多样化阶段	20世纪70年代末至现在	开发区发展多样，覆盖面积大	经营多样化，对影响和带动周围地区的经济发展起到重要作用，注重应用现代科学技术

第一阶段：起步阶段。这是世界开发区建设的最初阶段，此时，开发区多处于发达国家，开发区的数量和规模都不大。由于进出口免除关税等一些有利条件，这些自由港或自由贸易区方便了商品的自由流通，促进了当地对外贸易和转口贸易的发展，给本区域带来了丰厚的商业利益，繁荣了当地的经济。在这一阶段，开发区内经济活动的主要形式是转口贸易，允许在园区内进行商品储存、分类、包装等。此阶段开发区发展缓慢且数量不多，分布地域不广泛。

第二阶段：发展阶段。伴随第二次世界大战的结束，世界经济恢复并快速发展，西方国家的开发区建设亦逐步迈向成熟，开发区的数量逐渐增多。这一时期经济往来变得更加频繁，开发区由流通贸易型转为生产型为主，人才和技术的流通是这一阶段的主要特征，引进外资发展出口工业，使西方国家的开发区进入一个全新的发展阶段。

第三阶段：多样化阶段。20世纪70年代末以来，以信息科学技术为主导的第三次科学技术革命席卷全球，美国"硅谷"成为开发区的成功典范。随后，西方发达国家先后建立起多个科学园和科学工业园区。后来，效仿西方国家，一些新兴工业化国家和地区也纷纷进行开发区的建设，以推动当地知识和技术密集型产业的快速发展，促进地区产业结构的升级，由此形成开发区建设的一种新的重要阶段性特征。经济全球化导致世界格局发生重大变化，网络促使各国之间的贸易交流更加广泛和便捷，为城市与城市之间、地区与地区之间的交流打开了方便之门。由此带来开发区职能的更加多元化，发达国家的大型开发区逐步演化，执行管理、金融、研发等职能，有些国家的开发区则演化为各类加工制造基地。跨国公司全球产业优化布局及产业链条的重组是开发区多样化发展的重要促动因素。

与世界上其他国家类似，开发区对我国经济发展也做出了重大贡献。回顾其发展历程，我国开发区大致经历了初始阶段、推广阶段、发展阶段及转型升级阶段四个发展阶段。

第一阶段：初始阶段（1978—1991年）。改革开放初期，全国范围开发区的发展条件不好，社会经济发展基础较弱，早期开发投入不足，资金压力大。这一阶段，政府主管部门批准建立了14个国家级开发区，分布在我国沿海12个城市。这一时期对于我国开发区的发展意义重大，一方面完成了开发区发展的原始积累和物质基础储备，另一方面完成了对开发区发展模式和对外开放的初步探索。

第二阶段：推广阶段（1992—2002年）。1992年，邓小平的南方谈话激发了我国对外开放和引进外资的新一轮高潮，促使开发区发展进入新的历史阶段，新批准成立了18个国家级经济技术开发区。全国的对外开放格局由最初的沿海向沿江、沿边和内陆省会城市扩展。此阶段，各开发区引进外资的数量和管理水平大幅度提高，以跨国公司为主体的外资进入开发区并成为投资主体，中小资本逐渐被取代。

第三阶段：发展阶段（2003—2012年）。为了改变区域发展不平衡的现象，实现东、中、西部地区经济的协调发展，我国开始实施西部大开发战略。政府主管部门在合肥、西安、郑州、成都等地批准成立了多个国家级开发区。各级各类开发区日渐增多，在西部大开发战略中发挥了重要影响，这些开发区逐渐成为我国内陆中心城市经济体制改革的试验区和对外开放的前沿窗口。

第四阶段：转型升级阶段（2013年至今）。这一阶段，我国的经济社会发展进入转型期，开发区作为经济发展的排头兵，也面临着转型变革的现实。由于早期获得的优越开发环境和土地资本已经改变，此时开发区进入转型升级的多样化阶段，部分开发区走上了产城融合的道路，成为新的经济增长点。与此阶段有关的重大政治决策有两个：一是2012年召开党的十八大（虽然2012年不属于本阶段，但是党的十八大对本阶段的作用和影响巨大）提出科学发展要求，要形成以技术、品牌、质量、服务为核心的出口竞争新优势。二是2017年党的十九大首次使用了高质量发展的表述，表明我国由经济高速增长阶段转向高质量发展阶段。随着我国经济发展的转型，我国开发区的发展也进入新的转型升级阶段，转型升级的标志性文件是《关于促进国家级经济技术开发区转型升级创新发展的若干意见》。

2014年10月30日，我国颁布《关于促进国家级经济技术开发区转型升级创新发展的若干意见》，提出对国家级经济技术开发区实施动态管理。通过对经济技术开发区的分类指导，实行开发区考评管理，推行强化约束和倒逼机制，促使开发区走质量效益型发展道路。政府明确要求，新时期国家级经济技术开发区的发展定位要实现“三个成为”：成为带动地区经济发展和实施区域发展战略的重要载体；成为构建开放型经济新体制和培育吸引外资新优势的排头兵；成为科技创新驱动和绿色集约发展的示范区。政府提倡进一步发挥国家级经济技术开发区改革试验田和开放排头兵作用，促进其转型升级、创新发展。

2016年3月16日，我国颁布的《关于完善国家级经济技术开发区考核制度促进创新驱动发展的指导意见》指出：随着国际国内形势的变化，国家级经济技术开发区发展面临的环境不同，肩负的历史使命也发生了深刻变化，为促进开发区创新驱动发展，通过完善考核、分类指导、综合施策，为稳增长调结构惠民生继续发挥重要作用。

1.2.2 开发区的发展规模

国家决定建设开发区是一项影响深远的战略决策，也是在探索中国特色社会主义道路上进行的一次伟大实践，是推进国家现代化建设的一大创举，更是世界工业化、城镇化发展史上的一大奇迹。多年的实践经验证明，不同类型的开发区的创建对经济发展具有重要的意义。本节以国家级经济技术开发区为例，介绍开发区的经济发展水平，以反映我国开发区的发展规模。

1984年我国建设第一个国家级经济技术开发区，而开发区建设的初衷就是带动经济技术发展，逐渐成为全国经济的重要增长点。尤其在20世纪90年代后期，开发区在经济发展方面创造了诸多成绩，推动了所在城市的发展，各项主要经济指标一直维持着较高的增长速度。

我国国家级经济技术开发区对国家总体经济发展发挥了重要的推动作用。2012年至2019年，我国国家级经济技术开发区的生产总值总体上持续高走，上升趋势明显。由图1.1可知，2012年至2013年国家级经济技术开发区生产总值呈现出上升态势。2013年之后，国家级经济技术开发区生产总值的增长速度有所下降，但仍然保持正的增长趋势，2015年增速最低。但是，2015年之后，国家级经济技术开发区生产总值以加速度方式稳步提升，一直持续到2018年出现拐点。2018年后虽然增速有所下滑，但仍然保持增长。通过数据分析发现，2018年经济技术开发区的产业发展有所变化，这与国家相关政策的引导有关，2017年党的十九大提出经济高质量发展后，增速下降。从不同区域经济技术开发区生产总值的年度数据比较可以发现，东部地区的生产总值占比始终较大且逐年上升，中部地区变化趋势不明显，但占比也不容小觑（见图1.2）。

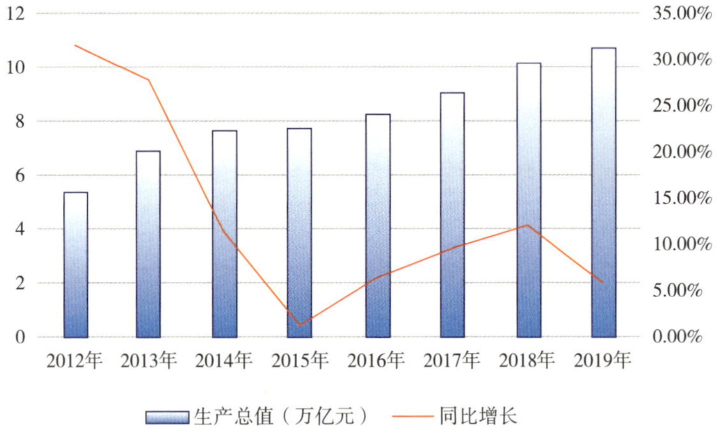

图1.1　2012—2019年国家级经济技术开发区生产总值变化对比图

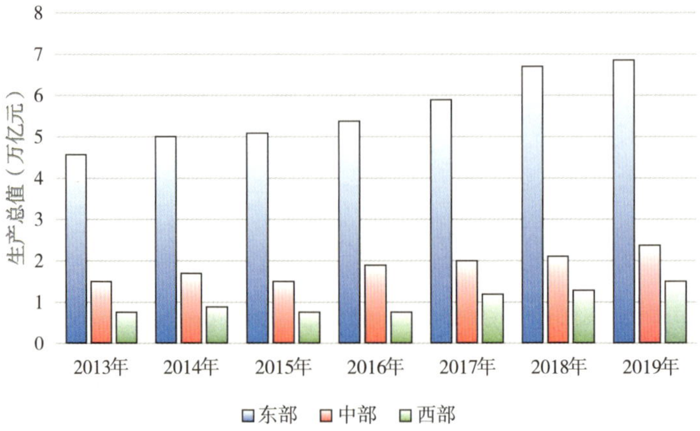

图1.2　2013—2019年分区域生产总值变化对比图

根据商务部发布的统计数据，全国218家国家级经济技术开发区2019年实现地区生产总值10.8万亿元，占同期国内生产总值的比重为10.9%，和2018年相比增长8.3%，增幅高于同期全国平均水平（6.1%）2.2个百分点。其中，第二产业增加值6.7万亿元，同比增长4.5%，占同期全国第二产业增加值的比重为17.4%；第三产业增加值3.9万亿元，同比增长16.9%，占同期全国第三产业增加值的比重为7.4%。

218家国家级经济技术开发区实现财政收入2.1万亿元，同比增长5.6%，增幅高于同期全国平均水平（3.8%）1.8个百分点，占全国财政收入的比重为10.9%。实现税收收入1.9万亿元，同比增长2.9%，增幅高于同期全国平均水平（1%）1.9个百分点，占全国税收收入的比重为11.7%。

218家国家级经济技术开发区实际使用外资和外商投资企业再投资金额532亿美元，同比增长8.5%，占全国吸收外资（含外商直接投资和其他投资）的比重约为1/5。实现进出口总额6.3万亿元，同比增长1.6%，占全国进出口总额的比重为19.9%①。

1.2.3 开发区的产业发展特点

下文以国家级经济技术开发区为例，论述我国开发区的产业发展特点。国家级经济技术开发区积极践行新发展理念，总体发展态势喜人，主要经济指标保持连续增长。国家级经济技术开发区产业发展实力雄厚，其发展特点主要表现在以下四个方面。

（1）产业基础雄厚，主导产业的产业链已经形成。以北京经济技术开发区、天津经济技术开发区、昆山经济技术开发区、广州经济技术开发区、苏州工业园区等为例，这些园区几乎所有的产业都有一至两个相对较大的企业作为支撑，并以此为契机奠定了较为雄厚的工业基础，进而形成了较为完整的产业链。与此同时，这些产业的龙头企业后劲足、发展空间大，未来可把它们培育成规模更大、税收贡献率更高、带动力更强的产业集群龙头企业，有利于带动相关集群产业的发展。

（2）发展规模稳定增长，整体上呈现出稳中有进的发展态势。从前述分析可以看出我国开发区的经济产出逐年增长，以2019年为例，东部地区107

---

① 资料来源：中华人民共和国商务部网站（http：//ezone.mofcom.gov.cn/article/m/）。

家国家级经济技术开发区实现地区生产总值69 242亿元，同比增长7.9%。中部地区63家国家级经济技术开发区实现地区生产总值24 380亿元，同比增长8.9%。西部地区48家国家级经济技术开发区实现地区生产总值14 776亿元，同比增长9%。其中，产出规模较大的四个开发区为苏州工业园区、广州经济技术开发区、天津经济技术开发区、青岛经济技术开发区，它们的地区生产总值在2019年均超过2 000亿元（商务部2020年国家级经济技术开发区综合发展水平考评数据）。

（3）交通区位优势显著，有利于吸引高新技术产业。以北京经济技术开发区为例，它位于亦庄地区，该地区属明清时期北京城皇家园林南苑境内，是北京市唯一同时享受国家级经济技术开发区和国家高新技术产业园区双重优惠政策的国家级经济技术开发区。从天津经济技术开发区看，它以“21世纪现代化国际工业新城区”为目标，致力于营造与国际惯例和国际市场接轨的投资环境；天津经济技术开发区具有得天独厚的区位优势，依托京、津，辐射华北、东北，其所在的环渤海区域是一个人口密集、城市集中、交通便利、工商业发达、市场容量大、购买力高的黄金地带，具备发展工商业的良好条件。

（4）管理体制改革深入推进，运行机制日益完善。国家级经济技术开发区不断探索精简高效的管理体制和运行机制，积极打造更加良好的营商环境，并且在城市建设、土地开发、经济管理、公共服务等领域不断创新。例如，天津经济技术开发区实施了法定机构改革，确立了以市场为导向、开放灵活的用人机制。广州经济技术开发区运用国家“相对集中行政许可权”的优势，推进“创新行政管理方式，加强事中事后监管”。青岛经济技术开发区在全国首创公共区域环境责任保险，健全公共区域环境风险防范体系，完善风险控制网络。2020年上半年，北京经济技术开发区在制度机制上取得了新突破，“大部制”机构改革子落棋定，机构数量由 60个精简为 20多个，成为全国首个同时归集所有前端许可权限和后端执法职能的国家级经济技术开发区，积极承接市区两级赋权，新行使2 509项行政权力和 17项公共服务事项职能。

国家级经济技术开发区的发展尽管平稳向好，但是仍存在一些制约性因素，具体表现在以下四个方面。

（1）产业发展不平衡，第三产业的占比相对较小。根据2019年商务部的统计数据，国家级经济技术开发区第二产业增加值占同期全国第二产业增加值的比重为17.4%；第三产业增加值占同期全国第三产业增加值的比重仅为7.4%，第二、第三产业发展不平衡。根据开发区最初的工业定位，第二产业的制造业一枝独秀的情况较为突出；因此，第一产业产值占开发区GDP的份额为0，第三产业占开发区GDP的比重相对较小，总体呈现非常明显的产业结构失衡现象。从城市化转型的趋势来看，需要调整第三产业在整体产业中的比重，应大力发展生产性服务业和生活服务业，实现先进制造业与现代服务业的深度融合。就现状而言，开发区生活性服务业发展严重匮乏，一方面，园区生活配套服务设施的最大特点是“大园区、小社区”，企业员工的生活配套服务设施基本依靠在企业内部实现；另一方面，公共生活配套服务设施严重匮乏，园区提供的住房等配套设施非常有限，很大程度上制约了人才的引进。

（2）部分经济技术开发区定位不清晰，开放型经济功能弱化。在现有的经济技术开发区中，有的等同于一般工业园区，有的等同于一般行政区，总体上经济发展动能，特别是发展开放型经济的功能有所弱化，并且与前几年的高速发展相比，近年来国家级经济技术开发区的发展进入平台期，有放缓趋势。

（3）区域发展不平衡问题一直存在，发展差距明显。具体而言，一方面，中、西部地区国家级经济技术开发区经济发展总量普遍低于东部地区，并存在较大差异；另一方面，中、西部地区国家级经济技术开发区发展增幅较大，其生产总值、工业增加值、第三产业增加值、财政收入和税收收入等主要指标均保持两位数增长。

（4）经济技术开发区产业发展的法治环境有待完善。从我国法律、法规的设置层面看，当前开发区发展还处于立法的基础阶段。因此，开发区的法律性质、功能和总体目标不够清晰，区划范围、管理体制、机构设置的具体设计缺乏规制约束，未能因地制宜地及时出台或修订国家级经济技术开发区与行政区融合发展的法规政策。

2 开发区的法治建设综述

- 国（境）外开发区的管理规制
- 我国开发区的法治建设演进
- 开发区法治建设与产业协同发展

经过多年的发展，开发区对世界各国的经济贡献日益显著。开发区的发展离不开法治建设的保驾护航，本章结合一些数据资料探讨国（境）外和国内开发区法治建设的情况。

2.1 国（境）外开发区的管理规制

按照世界现行标准进行分类，开发区管理体制可以分为宏观管理体制和微观管理体制。宏观管理体制是指国家对于开发区的发展管理只起到指导、监督以及协调的作用，不干预开发区发展的内在分工，如美国联邦政府及其他全国性的管理机构。微观管理体制是指国家对于开发区内部的分工以及活动要进行领导和干预，如美国州和地方政府的开发管理机构。这两种管理体制的主要区别在于国家在开发区发展过程中所起到的作用不同。

2.1.1 国（境）外开发区管理体制

对于开发区微观管理体制，不同的学者有着不同的分类方式。但大多数学者的分类依据大致相同，都是根据开发区管理者的不同进行分类，可以分为"三类型说"和"四类型说"。"三类型说"将开发区微观管理体制分为三种类型，分别为企业型管理模式、行政型管理模式以及混合型管理模式。"四类型说"则将微观管理体制分为政府管理型、大学或者科研机构管理型、公司管理型和基金会管理型。以欧洲和美国为代表的一些发达国家，它们对于开发区的管理大都采用公司管理型，这种管理机制比较灵活，减少了政府对于开发区发展的管理和干预，经济杠杆和经济法制在开发区的管理过程中起到了至关重要的作用。

有的学者通过对西方开发区的发展模式进行研究和分析，认为市场主导型可作为开发区管理体制的一种模式，其将企业主导型的开发区管理模式归类到市场主导型之下，这样市场主导型管理体制就可以分为企业主导建构型以及市场自发型。市场自发型是指不经政府干预，在市场不断发展的过程中衍生出的园区，最具代表性的当属硅谷。美国政府在硅谷的发展过程中所扮演的角色仅仅是一个服务者，起到的只是一个中介的作用。政府投入资金支持硅谷的研发，帮助硅谷不断发展壮大但并不干预硅谷的实质发展。硅谷的发展模式可以总结为"三位一体"，其中的"三位"是指学习、研发和产出，这也是硅谷独创的一种开发区管理模式。此外，混合型管理模式的含义并不是简单地由市场与政府共同对开发区进行管理，它是一种政府与商会共同开发的管理模式，最具代表性的是德国慕尼黑高科技工业园区[①]。不同开发区管理体制的特点总结见表2.1。

表 2.1 不同开发区管理体制特点比较

类型	主要特征	典型代表	优点	缺点
政府管理型	政府统一规划、建设管理和经营	日本筑波科学城	能为科技园区的发展提供较为宽松的物质环境和智力环境	政府的行政干预较强，使得科技园区的独立性较差
大学或科研机构管理型	由大学或科研机构设立专门机构和人员对大学校园内的科学院和孵化器进行管理	英国剑桥科学园	消除来自政府的一些不必要的行政干预，实行自主管理，发展自由度较大，对中小型投资者有较大的吸引力	科技园区的权威性和协调性受到较大的影响，资金保障等方面面临诸多问题
公司管理型	在各方组成的董事会领导下经理负责的企业管理体制	德国创业者中心、澳大利亚的科学园	既能得到政府及有关部门的大力支持和资助，同时又能受到上级和有关部门的领导的监督	企业管理人员缺乏科技园区的管理经验，经理人存在委托—代理风险
协会管理型	由政府、企业、银行、大学和其他机构分担义务，共同承担管理职能的综合管理体制	法国法兰西科学岛	管理权力和利益风险挂钩，责、权、利三者得到统一	政府和科研机构是实际的主导者，而承担的义务较少
基金会管理型	基金会全面管理和指导园区的建设和规划，对园区内各单位的内部事务无权干涉	美国北卡罗来纳三角研究院	政府有计划地和大学相结合，促进教育、科研与生产相结合	理事会的组成难以协调各方人员，决策时难以形成统一意见，决策和日常管理成本高

① 余宗良. 我国开发区建设的法治化研究［D］. 武汉：武汉大学，2014.

2.1.2 国（境）外开发区法规示例

本书选择一部分境外开发区的法规作为示例，探索境外开发区管理体制的发展演进过程。囿于获得的资料有限，在此仅列出部分法律法规。

2.1.2.1 韩国

韩国的开发区建设比我国要早，在20世纪六七十年代，韩国已经为开发区运行制定了相关的法律规范，主要包括：《输出产业工业园地开发造成法》（1964）、《外国人投资及外资引进法》（1966）、《地方工业开发法》（1970）、《产业基地开发促进法》（1973）、《首都圈整备规划法》（1982）、《有关产业区位及开发法律》（1990）等。同时，1997年再次修订《外国人投资及外资引进法》；1998年完善了《外国人投资促进法》，其中规定：外国人投资税收减免，高新技术和对其他产业有鼓励作用的服务业税收减免10年，前7年100%，后三年50%；2002年又重新对《外国人投资促进法》进行了修订。从现有的法律体系看，韩国主要通过立法规范并促进工业发展，促进韩国外向型经济发展，为韩国工业园区发展提供了有力的法律保障。

2.1.2.2 美国

美国并无对开发区的专门立法，但是美国完善的法治环境造就了硅谷模式。有的学者试图从美国的宪法原则、整体性法治支撑环境（包括风险投资和研发创新、人才引进激励机制、服务行政多元促进和竞争调控等立法支持）、判例法和人文社会环境等方面对美国有关开发区的法律体系进行分析。图2.1（因数据资料限制，图中仅列举部分相关法律法规）列出了不同年代美国的相关法律，这些法律从土地、人力等资源设施的开发利用及开发区建设规范等方面促进经济的发展。

2.1.2.3 日本

自20世纪60年代决定建设筑波科学城以来，日本制定了多部与筑波科学城建设直接相关的法律，如1970年出台的《筑波研究学园城市建设法》、1971年制定的《筑波研究学园城市建设计划大纲》、1983年颁布的《高技术

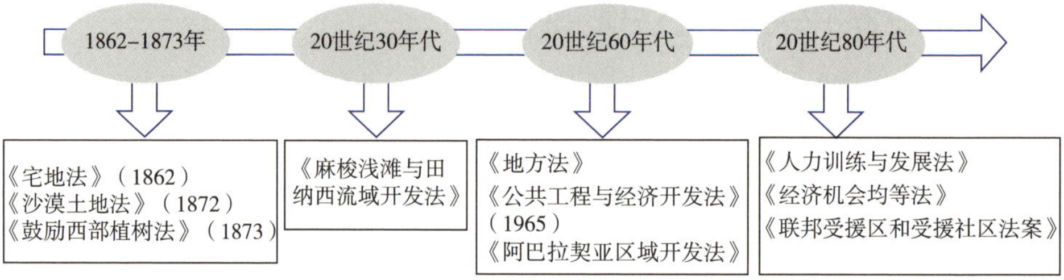

图2.1　不同年代美国有关法律集萃

工业聚集地区开发促进法》《技术城法》等。图2.2（因数据资料限制，图中仅列举部分相关法律法规）列出了不同年代日本的相关法律，这些法律从土地资源、产业发展等方面促进经济振兴。值得关注的是，20世纪70年代末，日本就针对开发区高新技术的发展和开发利用进行立法，比我国早了几十年，这使其某些技术及社会的发展一直保持领先。

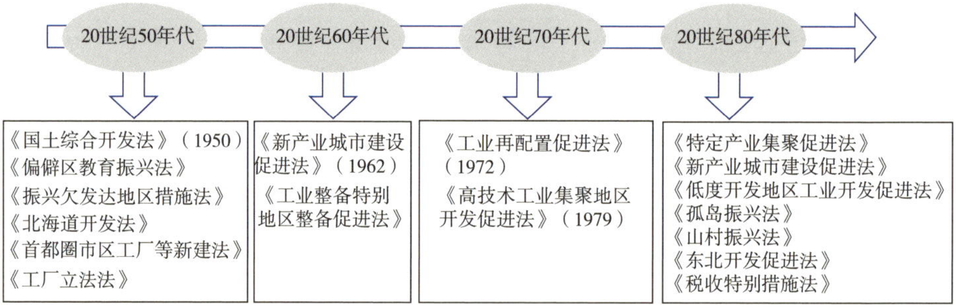

图2.2　不同年代日本有关法律集萃

2.2　我国开发区的法治建设演进

开发区是在一种特殊的政策环境下成长和发展的，一直得到政府的关注与重视，享受优惠的发展政策，按照国际通行规则运行，承担对外开放的窗口责任。开发区作为一种特殊的经济活动载体，其成长和发展是多种因素混合作用的结果。在我国开发区发展的初期，与开发区相关的法律法规还比较匮乏，因此，开发区法治建设的首要任务就是进行立法，这样才能使法律体系更加完善。

2.2.1 我国开发区的管理模式

从开发区管理及运营机制的演变来看，我国最早主要采用行政干预为主导的管理模式，后来随着我国市场经济体制的确立和完善，政府干预不断减少，市场机制逐渐发挥主要作用。管理模式是管理体制的重要表现，我国开发区管理模式分为三类：管理委员会模式、区政统筹模式、委托管理模式。

2.2.1.1 管理委员会模式

从组织机构看，开发区管理委员会（简称管委会）作为上级政府的派出机构，代表政府行使职权，管理所辖区域，党工委负责党务工作，管委会负责行政工作，早期的管委会仅负责经济事务，行政事务均由所在地政府承担。从人事管理看，党工委、管委会领导班子由上级政府任免，不需要选举，一般比所在区县高配半级。从财政核算看，早期设立的国家级开发区普遍设立独立财政，单独编制和实施预决算。

2.2.1.2 区政统筹模式

该模式分为两种，一种是开发区管委会托管给所在区域的乡镇，仍实行管委会主导的模式，但增加了托管区域的经济社会的统一管理职能，此类模式目前较多。另一种是开发区管委会与所在区域的同级政府合并，两块牌子一套班子，领导相互兼职。有的开发区单独增设管委会专职副主任，具体负责开发区经济事务，不兼任区域行政职务。从财政核算看，开发区和政府两个财政独立设账，统筹使用。

2.2.1.3 委托管理模式

委托国有企业或特设机构，代表政府对开发区进行管理，服务事项统一组织、协调、报批等。从组织机构和人事管理看，开发区管理按照企业体系执行，管委会只负责开发区的运营、管理，不承担所在区域的行政管理职能。从财政核算看，按照企业标准执行，部分开发区通过土地一次性转让、出租和税收部分返还或转移支付享有开发性收益。

2.2.2 我国开发区的法治建设历程

回首改革开放至今，随着开发区的不断发展，我国与之相关的配套法律法规也在逐步地完善。国家根据开发区不同阶段的发展情况不断地出台新的法律，并且对之前的法律进行修订，从而适应开发区新的发展需要。

2.2.2.1 开发区法治环境的形成

近几十年来，我国开发区的法律体制有三次比较大的变迁：第一个时期，改革开放初期，制定确立了部分基础性法律制度；第二个时期，20世纪90年代初期，基于我国市场经济地位的确立，对相应的法律制度进行变革；第三个时期，21世纪初期，随着我国加入世界贸易组织，对一些法律制度进行了变革。改革开放40多年的历史，是开发区发展的历史，也是开发区法治建设环境形成并不断完善的历史。从国家宏观经济层面来讲，开发区的法治建设环境是逐步构建并日臻完善的，主要经历了下述发展过程。

1978年底，邓小平同志在中央工作会议上指出："为了保障人民民主，必须加强法治。……应当集中力量制定刑法、民法、诉讼法和其他必要的法律，例如工厂法、人民公社法、森林法、草原法、环境保护法、劳动法、外国人投资法等等。"为此，全国人大常委会立即开展了一系列的立法工作。

我国从改革开放的重大战略发展方向出发，首先从探索性的特殊政策的角度，启动了开发区法治建设的序幕。1979年4月，中央召开经济工作会议，形成了《关于大力发展对外贸易增加外汇收入若干问题的规定》（8月13日，国务院以国发〔1979〕202号文件形式正式下发）。该规定中提出"试办出口特区"，决定在深圳、珠海、汕头、厦门试办出口特区，采取特殊政策和措施，发展出口商品生产，增加外汇收入，赋予地方经济更广阔的发展空间。

1979年7月20日，中共中央以中发〔1979〕50号文印发了《中共中央、国务院批转广东省委、福建省委关于对外经济活动实行特殊政策和灵活措施的两个报告》，文件明确了先在深圳、珠海试办出口特区，在计划、外贸、财政、金融、物资、商业、劳动工资、物价等方面实行新的管理体制。取得经验后再考虑在汕头、厦门实施。

可以肯定的是，我国在实行改革开放政策、推动开发区发展之初，已意识到了法治建设的重要性。例如，分管此项工作的时任国务院副总理谷牧同志在1979年9月前往广东，就经济特区筹办工作与习仲勋、杨尚昆等时任省委领导座谈时指出：特区怎么搞？一个搞立法，一个搞几个样板。可以说，这是我国开发区法治建设的最初探索。

1980年8月26日，在第五届全国人大常务委员会第十五次会议上，时任国家外资委副主任江泽民同志受国务院委托，作了《广东省经济特区条例》的起草说明，详细说明了设置经济特区的依据和经济特区的性质、经济特区组织管理的基本原则、经济特区企业的优惠政策、经济特区建设的实施步骤等方面的内容。条例约2 000字，起草时间历时近1年。条例虽然是广东省的地方法规，但考虑到兴办经济特区的特殊性，经过反复协调、沟通，还是通过了全国人大常委会的审议。

1981年11月，国务院授权时任国家进出口管理委员会副主任的江泽民同志代表国务院向全国人大常委会作了《关于授权广东省、福建省人民代表大会及其常务委员会制定所属经济特区的各项单行经济法规的决议》的说明。《广东省经济特区条例》是我国第一部关于开发区建设发展的法规，是我国开发区法治建设的里程碑。该条例的颁布实施，开启了中国开发区法治建设的序幕。

在《广东省经济特区条例》起草、酝酿和颁布之后的相当一段时间里，国家虽然没有继续出台全国性的涉及开发区的综合性法律和行政法规，但陆续出台了与开发区发展密切相关的一系列经济类法律、法规和规章，特别是外商投资和税收优惠方面的法律，有效地促进了开发区的发展及外商投资工作，逐步构建起开发区的法治化营商环境，开发区法治建设环境逐步形成，具体的法规政策罗列如下。

1979年7月1日，《中华人民共和国中外合资企业法》经第五届全国人民代表大会第二次会议审议通过；1986年4月12日，《中华人民共和国外资企业法》经第六届全国人民代表大会第四次会议审议通过；1988年4月13日，《中华人民共和国中外合作经营企业法》经第七届全国人民代表大会第一次会议审议通过。这三个法律的颁发实施，形成了对三大类外商投资企业（简称三资企业）的法律规范，构建起开发区招商引资和产业发展的重要法治基础。与此同时，《中华人民共和国中外合资经营企业法实施条例》（1983年9月20日）、《国务院关于鼓励外商投资的规定》（1986年10月11日）、《国务院关于鼓励台湾同胞投资的规定》（1988年7月3日）、《国务院关于鼓励华侨和香港澳门同胞投资的规定》（1990年8月19日）、《中华人民共和国外资企业法实施细则》（1990年10月28日）、《中华人民共和国中外合作经营企业法实施细则》（1995年8月7日）等配套法规先后颁布实施。

在上述鼓励外商投资等法律、法规基础上，宪法、经济法、民法、刑法、行政法等法律、法规不断完善，为改革开放和开发区的发展构建起日臻完善的法律体系。在经济法领域，在税收征管、公司设立、合同管理、证券金融、知识产权、对外贸易、劳动人事、市场监管等方面都出台了法律法规。

其中，对开发区发展影响最大的就是1991年7月1日起实施的《中华人民共和国外商投资企业和外国企业所得税法》（1991年4月9日第七届全国人民代表大会第四次会议通过）。该法第七条明确规定：设在经济特区的外商投资企业，在经济特区设立机构、场所从事生产、经营的外国企业和设在经济技术开发区的生产性外商投资企业，减按15%的税率征收企业所得税。第八条规定：对生产性外商投资企业，经营期在10年以上的，从开始获利的年度起，第一年和第二年免征企业所得税，第三年至第五年减半征收企业所得税。这就是对开发区发展起到至关重要作用的开发区生产性外商投资企业15%所得税率和两免三减半政策（同时期未在开发区的企业和开发区内非外商非高新技术企业，企业所得税税率为33%）。

在经济特区和经济技术开发区发展的基础上，我国陆续批准设立了高新技术产业开发区、保税区、边境和跨境合作区以及旅游度假区等。1988年5月，国务院批准建立了北京市高技术产业开发试验区。为推动高新技术产业开发区和高新技术企业的发展，经认定的高新技术企业也可享受15%的企业所得税优惠政策。

2007年3月16日，第十届全国人民代表大会第五次会议审议通过了《中华人民共和国企业所得税法》，自2008年1月1日起实施。新所得税法实施后，对开发区发展至关重要的《中华人民共和国外商投资企业和外国企业所得税法》等法律同时废止。内外资企业所得税税率统一为25%，原外商投资企业在开发区能够享有的优惠税率（15%）宣告终止，但国家也给予了5年的过渡期。新的《企业所得税法》第五十七条规定："本法公布前已经批准设立的企业，依照当时的税收法律、行政法规规定，享受低税率优惠的，按照国务院规定，可以在本法施行后五年内，逐步过渡到本法规定的税率；享受定期减免税优惠的，按照国务院规定，可以在本法施行后继续享受到期满为止，但因未获利而尚未享受优惠的，优惠期限从本法施行年度起计算。”

新《企业所得税法》的颁布实施虽然对开发区的发展造成一定影响，使开发区的原有政策优势被削弱，外资企业没有了优惠税收优势，但随着改革开放的深入和开发区的发展，开发区的整体发展环境有了翻天覆地的变化，基础设施（如“七通一平”等）条件已明显优于老城区、老工业区和农村地区，特别是管理体制和运行机制等综合性法治化营商环境已较其他地区拥有明显优势，开发区的发展必将迎来一个新的历史时期，必将更多地依靠科技创新和法治化营商环境的进一步提升，迎接更深层次的改革开放。

2.2.2.2 开发区的法规政策量化分析

本书结合中央和地方关于开发区建设的法律法规及相关政策的颁布数量制作了折线图（见图2.3），对我国开发区法治建设发展情况进行分析。从图2.3可以看出，中央发布的关于开发区的法规政策数量一直在波动，1992年、2006年、2016年等年度附近有三个相对高点，这三个年份附近出台的法规政策较多。

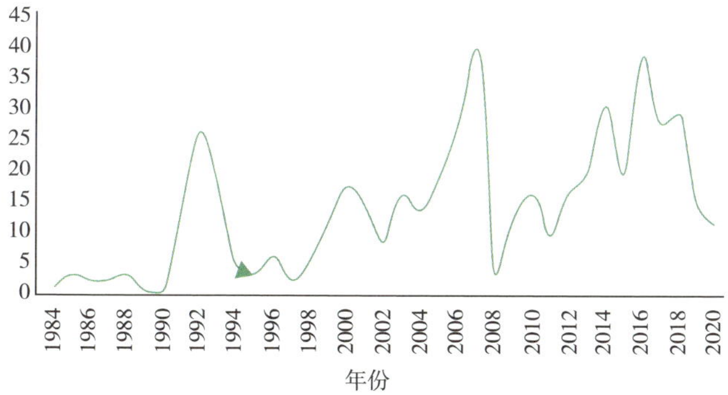

图2.3 中央关于开发区的法律法规及相关政策颁布数量

1984年1月，邓小平同志视察深圳、珠海、厦门三个经济特区后，回到北京提出建议：“除了现在已有的经济特区外，可以考虑再增加几个地点，港口城市也可以多增加几个，这些地方虽然名义上不称之为特区，但是特区的一些政策也可以适用。”1984年5月4日，党中央、国务院召开了沿海部分城市座谈会，决定进一步对外开放沿海14个港口城市，并在有条件的地方兴办经济技术开发区，实行经济特区的某些政策。1984年10月，我国首个经济技术开发区——大连经济技术开发区启动建设。可认为我国开发区的法治建设是从1984年正式开始的，接下来本书从1984年开始有关的法治建设分析。从1984年开始，中央关于开发区的立法数量也根据开发区的建设有所变化，详见图2.3。

国家于1985年正式提出了建设高新区的思路。1985年3月，中央发布《关于科学技术体制改革的决定》，提出“为加快新兴产业的发展，要在全国选择若干智力资源密集的地区，采取特殊政策，逐步形成具有不同特色的新兴产业开发区”。在1991年和1992年，中央颁布的关于开发区的文件政策数量达到第一个小高峰，《中华人民共和国外商投资企业和外国企业所得税法》（1991）、《中华人民共和国外商投资企业和外国企业所得税法实施细则》（1991）、《关于批准国家高新技术产业开发区和有关政策规定的通知》（1991）等相关法律的颁布实施，为开发区建设提供了相关的法律支持。2006年是中央对开发区建设颁布文件政策数量的第二个高峰。例如，国家商务部、国土资源部发布的《国家级经济技术开发区经济社会发展“十一五”规划纲要》（2006）实施之后，开发区建设进入一个新的阶段，开始在经济技术开发区的基础上推行国家综合配套改革试验区，推进开发区建设转型。

2014年以来是开发区深化改革时期。这一时期，中央对开发区颁布的文件和政策数量相比之前较多。例如，国务院发布了《关于促进国家级经济技术开发区转型升级创新发展的若干意见》（2014），国务院办公厅发布了《关于完善国家级经济技术开发区考核制度促进创新驱动发展的指导意见》（2016）、《关于促进开发区改革和创新发展的若干意见》（2017），工业和信息化部、应急管理部印发实施了《国家安全产业示范园区创建指南（试行）》（2018），这一系列的文件都促进了开发区创新驱动发展，调结构促民生，促进开发区进一步明确其定位和发展方式。总体来讲，国家对开发区发展不同时期颁布的文件政策数量虽有所不同，但其作用和目的相同，都为保障开发区的创新驱动发展提供了相应的法律支持。

除了中央颁布的各项法规政策，各地方也制订了不同的法律条文，以规范、保障开发区的发展建设。从图2.4中可以看出，地方对于开发区的法治建设在开发区建立之初还比较匮乏，不够完善，具有明显的滞后性，这种情况一直持续到2000年。2000年前的这段时间属于开发区法治建设的初期，此时正处于对开发区法治建设的探索阶段。2000年以后，地方政府开始重视开发区的法治建设，与法治建设相关的法规以及政策陆续出台，颁布数量一直处于上升趋势，并于2013年达到了高峰。2018年，开发区法治建设进入另一个小高峰，之后地方对于与开发区发展相关的配套法规及相关政策颁布数量呈下降趋势，这是因为前期的法治建设已经为之后的开发区发展奠定了良好的基础，此时颁布的数量不再像开发区建立之初那样多，这个时期地方政府要做的就是贯彻落实与开发区发展相关的法规及政策。虽然说数量下降，但是规定的内容更加具有针对性和准确性，促进了开发区在社会发展的洪流中不断地成长。

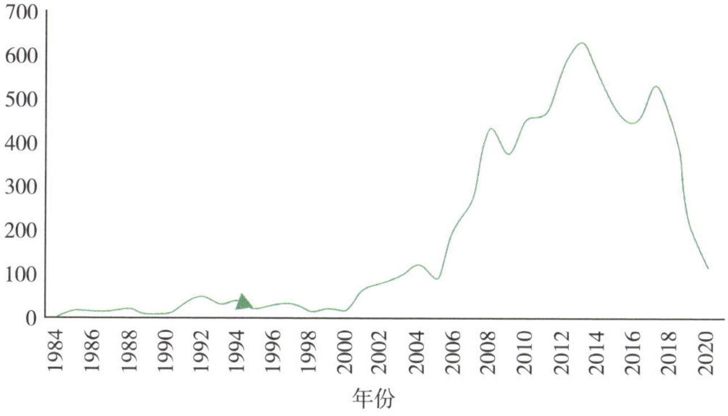

图 2.4 地方关于开发区的法律法规及相关政策颁布数量

2.2.2.3 开发区法规政策内容演进

利用统计分析工具，检索开发区相关法规政策关键词，制作法规政策词云图，可以看出不同时期法规政策的关注重点。根据词云图，把我国开发区的法治建设分为四个阶段，每阶段的主要内容可从图2.5中反映。

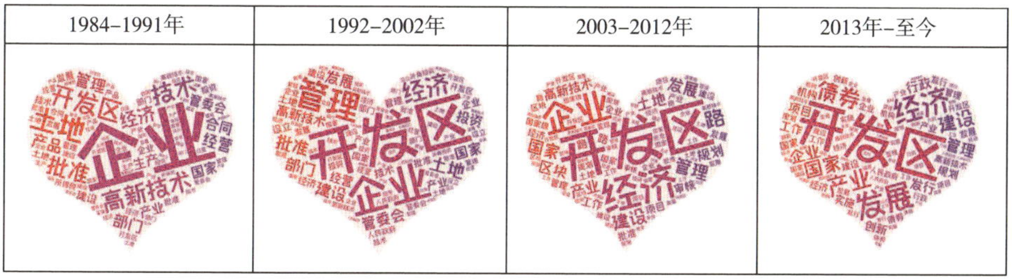

图2.5 我国开发区法治建设词云图

从图2.5中可以看出，随着开发区的发展，我国所颁布的开发区法律法规及相关政策关注的内容是变化的。1984年到1991年，属于开发区创办初始阶段，此时开发区主要以吸引投资和引进技术为主。因此，在此阶段，法律法规及相关政策的关键词主要包括：企业、技术、土地等。1984年5月4日，为了吸引投资者，《中共中央国务院关于批转〈沿海部分城市座谈会纪要〉的通知》规定，给予经济技术开发区特殊政策。国务院于1986年颁布了《关于鼓励外商投资的规定》（国发〔1986〕第95号）及若干实施办法。还有其他如《国务院关于经济特区和沿海十四个港口城市减征、免征企业所得税和工商统一税的暂行规定》（国发〔1984〕第161号）、《海关对十四个开放的沿海港口城市的若干优惠政策和措施》（1988年）、《中华人民共和国外商投资企业和外国企业所得税法》（1991年）等。《中华人民共和国外商投资企业和外国企业所得税法实施细则》于1991年颁布，国务院也于1991年3月下发了《关于批准国家高新区和有关政策规定的通知》（国发〔1991〕第12号），明确了高新区建设发展享有的优惠政策。还有一些地方性法规，如天津经济技术开发区通过了《天津经济技术开发区管理条例》《天津经济技术开发区企业登记管理条例》《天津经济技术开发区劳动管理规定》《天津经济技术开发区土地管理规定》等。还有《福州市经济技术开发区条例》（1986年）、《大连经济技术开发区条例》（1987年）、《广州经济技术开发区条例》（1987年）、《宁波经济技术开发区条例》（1988年）、《上海市经济技术开发区条例》（1988年）等。这些法律规范为各地经济技术开发区的持续发展提供了法律保障，促进了早期开发区的建设与发展。

1992年至2002年，我国开发区处于发展阶段，主要关注开发区的管理及企业的发展。《中共中央国务院关于加速科学技术进步的决定》首次提出在全国实施科教兴国战略，并指出全面落实科学技术是第一生产力的思想。所以，在此阶段法律法规及相关政策比较侧重于科学技术的规制。这一阶段各地出台了很多法规政策，如《哈尔滨经济技术开发区条例》（1993年）、《芜湖经济技术开发区条例》（1993年）、《湛江经济技术开发区条例》（1993年）、《重庆经济技术开发区管理条例》（2000年）、《杭州经济技术开发区条例》（2001年）、《苏州市经济技术开发区管理条例》（2002年）等地方性法规。

2003年至2012年，我国开发区处于快速发展阶段，此时的法律法规及相关政策关注经济发展及国家级经济开发区的建设等。在此阶段，中央以及地方层面出台了一系列的政策性文件，以此来规范我国开发区的建设与发展。其规范内容以及与其相对应的代表性文件详见表2.2。

表2.2 开发区规范内容与代表性文件列表

规范内容	代表性文件
明确了经济技术开发区的发展方向	1.《国家级经济技术开发区经济社会发展“十一五”规划纲要（2006—2010）》 2.《国家级经济技术开发区与边境合作区经济社会发展“十二五”规划纲要（2011—2015）》
明确了国家高新区的发展方向	1.《国务院关于印发实施〈国家中长期科学和技术发展规划纲要（2006—2020）〉若干配套政策的通知》 2.《关于促进国家高新技术产业开发区进一步增强自主创新能力的若干意见》
明确了经济技术开发区与区域发展的关系	1.《清理整顿开发区的审核原则和标准》 2.《关于广东省山区及东西两翼与珠江三角洲联手推进产业转移的意见（试行）》 3.《关于加快苏北振兴的意见》

从2012年以后，特别是党的十八届三中全会召开之后，明确了我国全面深化改革的方针和路径，我国开发区发展进入转型升级阶段，法律法规及相关政策关注开发区规制，侧重于产业的发展及公司债券融资等问题。在这一阶段，开发区转型升级以及创新发展离不开国家出台的相关文件与政策的保障。国家层面的规定主要见表2.3。除了国家层面出台了一系列的文件，地方在国家政策的指引下针对本区域内开发区的发展也相继出台了一系列文件，如2019年3月江西省印发了《2019年度促进开发区改革和创新发展工作要点》等。

表2.3 转型升级阶段国家层面开发区法规列表

发布时间（年）	发布单位	文件名称	文件相关内容
2014	国务院	《关于促进国家级经济技术开发区转型升级创新发展的若干意见》	对经济技术开发区的定位、如何发展以及未来的发展方向进行了明确

续表

发布时间（年）	发布单位	文件名称	文件相关内容
2015	发改委	《关于建设长江经济带国家级转型升级示范开发区的实施意见》	主要针对的是长江经济带的发展，对其转型升级示范开发区做出规定
2015	发改委	《关于推进开发性金融支持国家级新区健康发展有关工作的通知》	主要对开发区金融方面的发展做出了规定
2015	发改委	《关于推动国家级新区深化重点领域体制机制创新的通知》	侧重点在于国家级新区深化重点领域体制机制创新改革
2016	国务院	《关于完善国家级经济技术开发区考核制度促进创新驱动发展的指导意见》	要求通过完善考核、分类指导、综合施策，促进创新驱动发展，为稳增长、调结构、惠民生继续发挥生力军作用
2017	国务院	《关于促进开发区改革和创新发展的若干意见》	对于“完善开发区管理制度和政策体系”“积极探索开发区法规规章建设”再次提出要求
2018	国务院	《关于积极有效利用外资推动经济高质量发展若干措施的通知》	要求营造更好的投资环境，进一步促进外商投资稳定增长；支持外商全面参与海南自由港建设，强化自由贸易试验区在扩大开放吸引外资方面的先行先试作用；推动国家级开发区创新提升，强化利用外资重要平台作用

在此阶段，我国也加快了自由贸易试验区相关的地方立法步伐，现已出台《中国（上海）自由贸易试验区条例》（2014年）、《中国（天津）自由贸易试验区条例》（2015年）、《中国（广东）自由贸易试验区条例》（2016年）、《中国（福建）自由贸易试验区条例》（2016年）、《中国（浙江）自由贸易试验区条例》（2017年）、《中国（四川）自由贸易试验区条例》（2019年）、《中国（广西）自由贸易试验区条例》（2020年）、《中国（山东）自由贸易试验区条例》（2020年）等。

2.3 开发区法治建设与产业协同发展

党的十八届三中全会通过的《中共中央关于全面深化改革若干重大问题的决定》第九项重要议题是“推进法治中国建设”，在该项议题中对“法治中国”建设提出了原则性以及具体制度性的要求。其中，原则性的要求是建设法治需要依靠多方的力量，需要国家坚持依法治国、共产党依法执政、政府依法行政，要坚持法治国家、政府、社会的一体化建设。党中央提出依法治国方略，要求提高依法行政水平，落实到开发区就是“依法治区”。开发区的发展需要法治化的保障，法治建设是开发区产业发展的必要条件，是开发区建设的制度性因素。开发区法治化建设能提升其法律品质，优化营商环境，引导开发区产业升级，从而使开发区步入快速发展轨道。

2.3.1 法治建设对开发区产业发展的保障

开发区建设成为经济增长、创造就业、科技创新、吸引外国直接投资的重要途径，在国家与区域经济社会发展中扮演着重要角色，受到各级政府的高度重视①。开发区政策是改革开放之后我国实行的一项重要经济发展政策。在此政策下，2017年国务院办公厅发布了《关于促进开发区改革和创新发展的若干意见》，文件指出开发区已成为推动我国工业化、城镇化快速发展和对外开放的重要平台，但也要求开发区必须发挥改革开放排头兵作用，形成新的集聚效应和增长动力。开发区的经济效益也成为各级政府关注的焦点。从国家整体层面来看，国家级和省级开发区建设与区域经济发展呈现显著的正相关关系，也就是说，开发区建设对区域经济发展起到正向的推动作用。

开发区不仅是国家经济建设的重要部分，也对所在区域的发展起着巨大的促动作用，开发区的发展需要法治建设的保驾护航。法治建设对开发区产业发展的影响主要体现在以下几个方面。

第一，有助于开发区产业优化，形成区域产业优势。开发区的产业发展需要政府的引导和规范，不能完全依靠园区自身的喜好进行产业规划和产业

---

① 王美霞，周国华，王永明. 开发区建设对区域经济发展的影响与机制分析：以湖南省为例［J］. 长江流域资源与环境，2020，29（3）：580-587.

招商。政府通过全方位的分析，结合地域特点，整合地区发展规划，制定当地的产业发展政策，鼓励优势产业的发展。政府的产业发展指引，通过各种政策及法律规范来影响并规范企业的投资行为，促使社会投资集中于某些支柱产业，有利于形成完整产业链，构造区域产业竞争优势。法治建设是保证区域主导产业发展的基石，有助于引导园区企业投资于主导产业，形成产业发展合力，占据发展优势。

第二，推动产业的创新发展，提升企业的核心竞争力。创新是提升企业竞争力的重要途径，也是顺利转变发展方式、优化经济结构、转换增长动力的重要抓手。开发区产业的发展需要创新，而创新需要加强知识产权保护。例如，在《中共中央国务院关于深化体制机制改革加快实施创新驱动发展战略的若干意见》（以下简称《意见》）中对知识产权的法律保护进行了规定。《意见》指出，要完善知识产权保护相关法律，研究降低侵权行为追究刑事责任门槛，调整损害赔偿标准，探索实施惩罚性赔偿制度。完善权利人维权机制，合理划分权利人举证责任。完善商业秘密保护法律制度，明确商业秘密和侵权行为界定，研究制定相应保护措施，探索建立诉前保护制度，研究商业模式等新形态创新成果的知识产权保护办法。完善知识产权审判工作机制，推进知识产权民事、刑事、行政案件的“三审合一”，积极发挥知识产权法院的作用，探索跨地区知识产权案件异地审理机制，打破对侵权行为的地方保护。知识产权对于开发区高新技术产业的发展至关重要，在高新技术产业的发展过程中，需要不断地创新，而这些是需要专利法来保护的。有了专利法的保护，企业才会大力投入研发，提高核心竞争力，推进开发区的产业升级。

第三，有利于营造安全的交易环境，降低交易成本。安全的交易环境是交易的基础，交易贯穿了开发区各个行业的发展，只有交易安全，行业才能更好地发展。在开发区产业发展进程中，在市场经济的大背景下，交易的进行是不可避免的。所以，营造一个安全的交易环境是至关重要的，这不仅可以提高交易的成功率，同时对于吸引更多的外商投资也是大有帮助的。此外，营造安全的交易环境也有利于社会交易秩序的稳定，这对于开发区产业的发展是大有裨益的。

第四，有利于营造良好的行政环境，高效地促进产业发展。2014年2月17日，习近平总书记在省部级主要领导干部学习贯彻十八届三中全会精神，全面深化改革专题研讨班开班式上强调，必须适应国家现代化总进程，提高党科学执政、民主执政、依法执政水平。良好的行政执法环境具有三个方面的含义，即行政执法规范化、执法效率高、执法态度好。行政执法规范化，是指行政机关对具体事件进行处理的时候，执法符合法律规定的程序和流程，将涉及营商环境建设的规定真正落到实处，营造良好的营商环境；执法效率高，即行政机关受理、办理、处理相关涉及营商建设事项时，依法迅速办理，降低市场主体创业和兴业的相关成本，提高企业的兴业信心；执法态度好，即相关执法人员素质较高，执法态度优良，在企业和劳动者办理业务的时候能够让人感受高素质的服务水准，从而增强相关企业和个人在本地区进行商务活动的意愿。

因此，开发区的法治建设对于营造良好的行政环境起着不可替代的作用。良好的行政环境要求规范化、高效率以及高水平。良好的行政环境可以使企业在发展过程中遇到需要与政府沟通或者办理审批等问题时，有了更加明确的标准。与此同时，由于开发区自身的特殊性，其法治建设在某种层面上会简化行政步骤，从而提高行政效率，加快开发区产业的发展。

第五，营造公正高效的司法服务环境，高效解决产业发展纠纷。法治化的营商环境的核心是行政司法环境。公正高效的司法环境即司法机关在受理相关的民事、商事、刑事、行政、涉及营商环境建设的案件时，受理及时、审判及时、执行及时，利用高效的审判降低市场经济活动者的诉讼成本，通过公开公正的判决引导市场主体在市场经营活动中运用市场思维和法治方式处理好彼此之间的各类纠纷，通过强有力的执行消除市场主体的后顾之忧，增强相关市场经营主体在本地区创业的信心和决心。通过律师参与诉讼，提高市场主体的诉讼能力，营造平等公正、合作共赢的司法服务环境。因此，产业的高效发展需要公正高效的司法服务环境，司法环境的优化有利于营造公平的交易氛围，它贯穿于第一产业、第二产业以及第三产业。公平的交易是产业发展的基础，这对于国内的投资以及国外的引资都是至关重要的。

2.3.2 开发区产业发展对法治建设的促动

前述内容探讨了法治建设对产业规范作用及发展的影响，反过来快速超前发展的产业，能反作用于法治建设，推动相应法律体系的完善和法治建设的进程。开发区的产业发展比较快，而相应的法治建设有时滞后于产业的发展进程，导致解决某些问题的法律机制的缺失。

首先，现有产业发展的立法机制不完善。过去立法主要以行政立法为主，不同层级政府的管理，导致行政层级较烦琐，使其规则体系政策化、行政化和低层级化倾向较严重。其次，企业的权利保障机制缺失。因产业发展涉及新的技术、前沿知识、大量数据，外加人工智能及互联网的创新导致相关的立法滞后，相关权利得不到保障。再次，产业发展的法律机制不健全，多数新产业处于无法律监管的“自由”状态，导致这些产业法律地位不明确。最后，营商环境的法律机制不完善。我国现行的企业营商环境尚存在很多不足，导致一些管理上的疏漏。

开发区产业发展促动法治建设的内涵主要体现在以下三个方面。

第一，产业发展需要构建规范化的营商环境，以促进有关法律体系的建设。营商环境涉及影响产业发展的不同要素，包括社会、经济、政治和法律等方面的要素，它是一项系统工程，不仅涉及经济社会改革，还包括对外开放等众多领域。产业发展需要营商环境法治化，这其中不仅需要一套行之有效、公平公正透明的法律制度，还需要法规体系和监管机制。开放自由、充满公平和效率的营商环境是产业发展的保障。好的营商环境体现为：规则体系的公平，法律制度的健全，投资环境的开放，销售渠道的便捷，金融体系的健全，劳资关系的和谐。另外，能否处理好政府与市场、社会的关系也是重要的一方面。良好的营商环境是产业发展的根本保证，而健全的法治建设从制度上保证营商环境的良性发展。

第二，开发区产业的快速发展呼唤相应的法治保障，从而推动相应法规体系的构建与完善。高质量发展的开发区经济是法制经济，而良好的法治建设是开发区高质量发展的制度保证。开发区产业发展的法治保障的具体要求是：首先，建立内在和谐协调统一的多层级立法体系，构建以宪法为基础的法律法规规则体系，确保有法可依，规范政府的行政立法，充分发挥经济政策等软法在新经济治理中的重要作用。其次，完善开发区产业发展的法律体系。面对开发区产业发展过程中出现的法律问题，完善基本法的法律体系，规范市场主体行为，建立公平、自由、效率和安全的市场运行机制。最后，构建企业法律服务体系，实现纠纷解决机制的多元化。借助各种学会、协会的力量帮助企业处理法律纠纷，实现调解、仲裁、行政裁决、行政复议、诉讼等的顺畅衔接，建立相互协调的多元化纠纷解决机制。同时，充分发挥政府的宏观调控职能，加强政府的监管，规范政府的执法，明确政府与市场的边界，划定政府权力清单和责任清单，强化行政权力的制约和监督。

第三，开发区产业发展需要建立公平、高效、令人放心的社会经济秩序，呼唤法治目标的实现。首先，公平的制度能保障市场自由竞争，降低交易成本，实现资源的优化配置；而自由、有序、公平的市场秩序带来竞争与高效，提高整个社会的效率。只有公平对待消费者和劳动者，才可能促进消费、激发劳动者的生产力，也才可能提高效益。其次，提高效益有利于实现公平机制。提高效益能够生产出更多的产品，创造更多的社会财富，增强市场调控能力和社会福利的供给能力，完善市场机制，提高经济效益，实现效益和公平的双赢。

3 开发区的发展与法治建设实践

- 深圳经济特区
- 上海自由贸易试验区
- 苏州工业园区
- 广州开发区
- 天津经济技术开发区
- 北京经济技术开发区

为了更直观地分析开发区产业发展与法治建设的关系，本章选取了我国部分开发区作为样本，探究其产业发展与法治建设的实践进程。通过对我国部分开发区的研究，梳理开发区产业发展与法治建设之间的关系，可以看出法治建设直接或者间接地促进了产业发展，我国经济发展取得的重大成就与法治建设密不可分。

3.1 深圳经济特区

深圳市毗邻香港，交通便利，风景优美，在利用外资发展方面具有优越的先天条件。深圳经济特区（简称深圳特区）位于广东省东南部，是一个以发展工业为主的工业、商业、农业、住宅、旅游等多行业共同发展的综合性特区。是中国对外开放最早的四个经济特区之一，于1980年8月正式成立以来，作为特殊的“开发区”，深圳经济特区的发展一直备受瞩目。

3.1.1 开发区产业发展现状

深圳市是全国经济中心城市，是我国大陆经济效益最好的城市，它的经济总量相当于国内的一个中等省份，人均GDP位居全国大中城市第一。同时，深圳特区是“建设世界一流科技园区”发展战略的首批试点园区之一。

深圳特区的产业结构凸显“三个为主”特征。首先，经济增量以新兴产业为主，新兴产业对GDP增长贡献率达37.7%；其次，工业以先进制造业为主；最后，第三产业以现代服务业为主。进一步分析发现，深圳特区的四大支柱产业分别是文化创意产业、高新技术产业、现代物流业、金融业；而战略新兴产业包括生物医药产业、新能源产业、互联网产业等[①]。

深圳特区地区生产总值数据如表3.1所示。2019年，深圳特区的地区生产总值达到26 927.09亿元，比上一年增长6.7%。其中，第一产业增加值25.20亿元，增长5.2%，第一产业增加值占全市地区生产总值的比重为0.1%。第二产业增加值10 495.84亿元，增长4.9%，第二产业增加值占全市地区生产总值的比重为39.0%。第三产业增加值16 406.06亿元，增长8.1%，第三产业增加值占

① 资料来源：粤港澳大湾区：深圳产业结构“三个为主”四大支柱产业分析［EB/OL］.https://baijiahao.baidu.com/s? id=1614221227100374748.

全市地区生产总值的比重为60.9%。

表 3.1　2019年地区生产总值综合分布①

指标	绝对数（亿元）	同比增长（%）
地区生产总值	26 927.09	6.7
按产业分：		
第一产业	25.20	5.2
第二产业	10 495.84	4.9
第三产业	16 406.06	8.1

深圳特区的经济发展以高新技术带动为主，以深圳经济技术开发区为例，其四大主导产业的产值构成见图3.1。2019年，四大主导产业产值的总体构成是“高新技术产业、金融业、物流业、文化及相关产业”，其中，高新技术产业的占比接近50%。

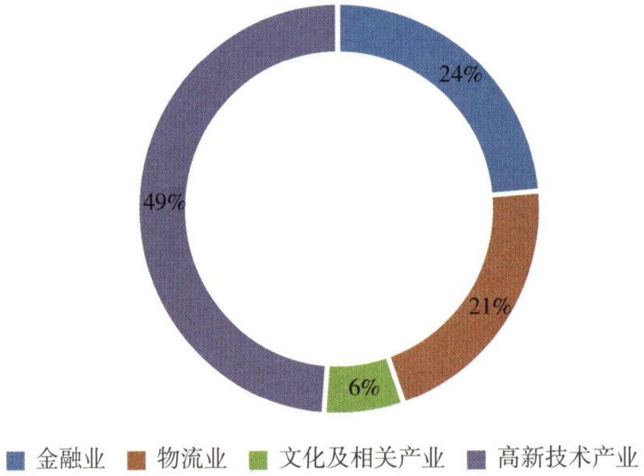

图3.1　2019年四大支柱产业生产总值占比

从四大主导产业的增长变化情况来看，总体上，四大主导产业均保持了较为稳定的增长，产业结构进一步优化。其中，增长速度最快的文化及相关产业，2019年增加值为11 843.91亿元，增速为18.5%；高新技术产业增加值为

① 资料来源：深圳市2019年国民经济和社会发展统计公报［EB/OL］.http：//www.tjcn.org/tjgb/19gd/36376.html.

9 230.85亿元，增长11.3%；金融业增加值3 667.63亿元，增长9.1%；物流业增加值2 739.82亿元，增长7.5%。下面将对全市不同的细分行业进行详细的论述。

3.1.1.1 金融业

自特区建立以来，深圳金融业为特区发展做出了积极贡献[①]。目前，深圳已形成了比较完整的、开放的金融组织体系和金融市场体系，金融机构数量，银行存贷量以及融资能力，银行、证券、保险业机构密度，外资金融机构数量以及从业人员比例均居全国前列。2021年6月15日，深圳市召开会议审议并原则通过《深圳国际仲裁院与深圳证券交易所共建中国（深圳）证券仲裁中心改革方案》，进一步推进改革，促进深圳金融业的发展。

2019年，深圳证券市场总成交金额1 007 862.50亿元，比上年增长37.0%。其中，股票成交金额730 314.79亿元，增长46.1%，A股总成交金额730 108.22亿元，增长46.2%，B股总成交金额206.57亿元，下降16.2%；债券成交金额254 446.67亿元，增长24.2%；基金成交金额23 089.80亿元，下降25.6%。总成交股数72 832.14亿股，增长62.6%。年末上市公司市价总值237 414.87亿元，增长43.5%。上市公司流通市值182 206.74亿元，增长50.5%。2019年末，深圳证券交易所上市公司共有2 205家，比上年增加71家；上市股票共2 242只，增加70只。其中，A股2 195只，增加71只，B股47只。总发行股本21 520.50亿股，增长8.3%；总流通股本173 17.40亿股，增长11.4%[②]。

3.1.1.2 战略新兴产业

深圳是全国高新技术成果产业化的重要基地，产业园区主要包括深圳高新技术产业园、深圳软件产业基地和深圳天安云谷产业园等。高新技术产业带规划总用地面积约158.5平方千米，可建设用地面积约100平方千米。高新技术产业具备五种功能，即科研开发、科技成果孵化、产业化生产、高等教育

---

① 深圳特区40年：从0至全球第11位金融中心［EB/OL］.https：//tech.sina.com.cn/roll/2020-08-26/doc-iivhuipp0679728.shtml.

② 深圳市2019年国民经济和社会发展统计公报［EB/OL］.http：//www.tjcn.org/tjgb/19gd/36376.html.

和出口加工。深圳特区已经形成了以电子信息产业为主导的高新技术产业集群，加快培育生物医药、光机电一体化、新材料三大产业。

2019年，深圳战略新兴产业增加值合计10 155.51亿元，比上年增长8.8%，占地区生产总值的比重为37.7%。其中，新一代信息技术产业增加值5 086.15亿元，增长6.6%；数字经济产业增加值1 596.59亿元，增长18.0%；高端装备制造产业增加值1 145.07亿元，增长1.5%；绿色低碳产业增加值1 084.61亿元，增长5.3%；海洋经济产业增加值489.09亿元，增长13.9%；新材料产业增加值416.19亿元，增长27.6%；生物医药产业增加值337.81亿元，增长13.3%。

3.1.1.3 文化及相关产业

深圳于2003年率先在全国确立“文化立市”战略。2019年，深圳文化创意产业增加值1 849.05亿元，增长18.5%，是四大支柱产业中发展速度最快的产业之一。与此同时，深圳是全国第一个获得联合国教科文组织“设计之都”称号的城市，它在工业设计、平面设计等设计产业方面处于全国领先地位，获国际设计奖数居全国首位。深圳文化创意产业的发展支柱主要包括国家动漫画产业基地、田面设计之都创意产业园、中芬设计园等，其中，代表性本土企业包括华强文化科技、嘉兰图设计等[①]。

3.1.1.4 物流业

深圳现代物流体系发达，是亚太地区重要的交通枢纽和物流中心，拥有世界第三大集装箱港口、亚洲最大的陆路口岸，是中国四大航空港之一。2019年，深圳市物流业增加值为2 739.82亿元，全国八成供应链企业总部汇集于此，深圳市及珠三角已建立起规模庞大的制造业体系，形成了强大的外向型经济圈。

同时，深圳市毗邻港澳，是内地唯一陆路与香港接壤的城市，区位优势得天独厚。基础设施优势、产业优势、技术资金优势、政策环境优势等奠定了深圳全国供应链管理行业领军者的地位。深圳市把现代物流业作为支柱

---

① 粤港澳大湾区：深圳产业结构“三个为主”四大支柱产业分析［EB/OL］.https：//www.askci.com/news/chanye/20181012/1508161134050_2.shtml.

产业重点扶持，搭建了良好的物流政策平台。国铁“两线两站”建设，大大提升了深圳在国家交通战略布局中的地位。以第三方物流企业为主的现代物流业初具规模，拥有一批服务水平高、实力强的现代物流企业。主要产业园区包括前海湾物流园区、盐田物流园区等，代表性本土企业包括顺丰、恰亚通等[①]。

3.1.2 法治建设与产业发展的互动作用

根据深圳特区的发展进程，下面从四个不同阶段，探讨深圳特区的产业发展与法治建设的互动作用。

3.1.2.1 第一阶段：1979—1991年，发展初期

1979年5月5日，广东省上报《关于试办深圳、珠海、汕头出口特区的初步设想》，提出了设立经济特区的试点范围、特区建设的投资原则、特区的公共设施建设、特区的外商投资办厂、特区内的税收政策及优惠、特区的外汇流通等问题。1979年6月6日，广东省委向中央上报了《关于发挥广东优越条件，扩大对外贸易，加快经济发展的报告》，正式提出试办出口特区的要求。1979年12月17日，国务院召开筹办特区的会议，在《关于广东建立经济特区几个问题的汇报提纲》中，第一次将“出口特区”改为“经济特区”。同年，“经济特区”的称谓公开见报。

1980年8月26日，第五届全国人大常委会第十五次会议批准了《广东省经济特区条例》，这一天是深圳经济特区的设立日。《广东省经济特区条例》，从法律层面肯定了经济特区，确立了深圳经济特区的地位。

1981年7月19日，国务院下发《批准广东、福建两省和经济特区工作会议纪要的通知》，进一步完善经济特区特殊政策和灵活措施。通知里体现了针对特区的规划要因地制宜、注意时效，海关对特区的货物要给予特殊的优惠，简化入境手续，对劳动工资制度进行改革，积极筹措特区建设资金，特区的管理机构应该从简。这个通知为深圳市的发展指明了道路，有政策上的支持，深圳市才能更加大刀阔斧地进行改革和发展。

1983年，深圳市的建设已经初具规模，在此基础上制定了《深圳经济特

---

① 深圳四大支柱产业介绍：现代物流产业［EB/OL］.http：//sz.zhaoshang800.com/n-7444.html.

区近期内联企（事）业单位若干政策的暂行规定》，明确指出，建设经济特区必须以引进外资为主，但同时也要重视对内地的联合，规定了有关土地使用费、税收、利润分成等方面的优惠办法，积极鼓励更多的外商和内地单位来深圳兴办企业。到当年年底，已经有14个中央局，20个省、市、自治区与深圳签订了497项横向经济联合协议，有457项已经付诸实施，实际投入的资金达到1.68亿元人民币。

1981年，深圳制定了《房地产公司工程招标试行办法》。该办法指出，在房地产行业，要采取公开招标的方式，开展竞争。1982年9月，市政府颁布《深圳经济特区工程施工招标投标暂行办法》。1985年4月，市政府颁布《深圳市基建工地地盘管理试行办法》，批准了8家地盘管理公司，开始实行工程监管制度，成为国内最早实行工程监管制度的城市。

1983年至1984年，深圳先后颁布《深圳市实行劳动合同制暂行办法》和《关于打破干部、工人身份，实行全员劳动合同制的意见》，将改革进一步扩大，率先在国内破除固定工制度。

1985年9月，中国人民银行深圳分行和国家外汇管理局深圳分局向国家外汇管理局提交了《关于在深圳特区建立留成外汇调剂中心的请示报告》，公开办理企业之间的外汇交易，买卖双方自由议价成交。同年11月9日，深圳颁布《外汇调剂暂行办法》，正式成立调剂中心。同年12月，深圳外汇调剂中心正式开业，为建立全国统一的外汇调剂市场和外汇交易市场奠定了基础。同年12月12日，深圳外汇调剂中心办理了第一笔外汇调剂业务。1986年11月，外汇调剂中心扩大了外汇调剂的范围，有效地促进了对外投资工作，1987年深圳外汇调剂成交额猛增，金额达到数亿美元。深圳外汇调剂中心的建立，不仅极大地缓解了外汇供求矛盾，打击了外汇黑市交易，更有力地推动了特区外向型经济的发展。

1990年1月31日，深圳市人民政府发布了《深圳市人民政府关于对深圳特区内职工工作调动后购租原住房问题的通知》，明确有关住房政策，进一步保障职工的权益。

3.1.2.2 第二阶段：1992—2002年，快速发展时期

1992年邓小平视察武昌、深圳、珠海、上海等地，发表了重要讲话。邓小平的南方谈话对我国20世纪90年代的经济改革与社会进步起到了关键的推

动作用，深圳特区也展开了经济建设新篇章。1993年，深圳市政府组织制定了《深圳市高新技术产业十年规划和八五计划纲要》，提出把发展高新技术产业作为深圳经济发展的重点产业。从1993年起，深圳市委市政府陆续颁布了一系列支持高新技术产业发展的法规政策，如1993年5月29日发布《深圳市企业奖励技术开发人员暂行办法》，鼓励国内外单位和个人以专利或者非专利技术入股；1993年颁布《深圳经济特区民办科技企业管理规定》，确定了民营企业的法律地位；1994年颁布《关于推动科学技术进步的决定》，明确“以高新技术产业为先导”的战略思想，提出科技进步的重要指标。

20世纪90年代初，深圳颁布实施的《深圳市第三产业发展纲要》，对企业实行经营、价格、用工、工资、政策五个方面开放，引进有信誉、有经验的外商来深圳办零售商场，使深圳的第三产业得到迅猛的发展。

1993年10月1日，颁布实施《深圳市经济特区财产拍卖条例》，规范深圳拍卖市场，使要素市场进一步向规范化、法治化迈进，科技市场向全国延伸，形成了以科技成果交易中心为龙头，由技术经济部门、无形资产评估事务所等机构组成的交易、中介、评估、信息咨询等综合服务市场体系，深化商贸流通体制改革。

2001年3月6日，深圳市政府颁布实行《深圳市土地交易市场管理规定》，明确了通过土地交易市场配置经营性土地，即每一块经营性土地的出让和转让都要进入市场进行公开交易，使得经营性土地的流转公开透明，标志着深圳土地改革跨入了一个新的阶段。

2002年，深圳创新投资集团成立，这是全国首家大型创新型投资企业集团。2003年4月正式实施《深圳经济特区创业投资条例》后，深圳的创业投资机构大幅增加，创业资金规模达到115亿元，约占全国的1/3，深圳市成为当时大陆创业投资规模最大、创投机构最为集中的城市。

这一时期，深圳的各方面发展都比较快，特别是高科技产业。1996年，深圳成立高新技术产业园区，大力发展高新技术产业。2002年，高新技术产品产值已经达到1 709.92亿元，占工业产值的一半。这一时期的各项政策，可以从以下几个方面论述。

（1）有关外商投资企业。1993年，深圳颁布《关于简化外商投资立项审批程序的试行办法》。1995年，深圳设立外商投资服务中心，为外商提供优质高效的一站式服务。同年，出台《关于对在深外商投资企业和在深外籍人员逐步实行国民待遇的通知》，规定从1997年1月1日起，对在深外商投资企业和在深外籍人员逐步实行“国民待遇”，适度开放外企产品价格和服务，为外商创造一个更为宽松的环境。1998年，又推出22条优惠政策，进一步简化审批流程，扩大对外开放领域，引进外资进入快速发展的阶段，外商投资的领域也从早期的饮食、住宅、旅游业为主转向以先进工业为主。

（2）有关数据安全。2000年，广东省颁布实施了《广东省统计管理条例》，要求科学有效组织统计工作，保障统计材料的真实性、准确性和及时性，充分发挥统计服务国民经济和社会发展的积极作用，这有利于保护统计安全，保障审计材料的网络安全。

（3）有关现代服务业。经过改革开放数十年的发展，以第三方物流企业为主体的现代物流体系在深圳已经基本形成。2002年10月，深圳市政府出台《关于加快发展现代物流业的若干意见》，深圳的物流业登上一个新的台阶。

（4）有关旅游业。深圳市具有得天独厚的旅游资源，自经济特区建设以来，便把开发旅游业景点作为城市建设的重点之一。深圳市积极进行旅游经营体制改革。1994年，深圳制定了《深圳市旅游发展规划》，使得特区的旅游业进入了快步发展的轨道。1994年，深圳市旅游外汇收入达到6.8亿元，居全国第三位。深圳市政府积极改革旅游机制，拓宽市场、打造品牌，使得旅游业成为深圳市一个重要的支柱产业。2004年深圳共接待游客5 000万人次，收入超过355亿元，创汇达到17亿美元，比2004年增长一倍多。

（5）有关绿色产业。深圳的环境立法走在全国的前列。早在1982年，深圳就颁布实施了《深圳市环境保护管理暂行条例》。1994年制定综合性法规《深圳经济特区环境保护条例》，对环境的保护进行综合性的规定。1995年制定的《深圳市城市总体规划（1996—2010年）》，确定了深圳市城市的布局结构，全市76%的非建设用地被划为城市生态用地。2002年颁布实施《深圳市上市公司环保情况核查管理办法》，对全市企业的环保情况进行核查，要求做出明确规定。

3.1.2.3 第三阶段：2003—2012年，稳定发展时期

这个时期深圳市经济发展已经取得一定成就，处于稳定发展阶段，这一阶段与金融业发展相关的政策比较多。

2003年9月，深圳市政府出台《深圳市支持金融业发展若干规定实施细则》，并于当年成立金融发展服务办公室。2004年9月，深圳市政府颁布《深圳市金融创新奖评比办法》，该政策极大地促进了金融业的发展。同年，深圳市政府成立了金融发展决策咨询委员会，设立“深圳金融发展专项资金”，用于支持金融业发展。2006年，深圳市下发《关于加快深圳金融业改革创新发展的若干意见》，对巩固提升深圳区域金融中心的功能和地位及全面建设金融强市做出了重要部署。

2007年1月，深圳市下发《关于加快我市高端服务业发展的若干意见》，就创新金融业发展模式、路径和机制提出了明确的目标。同年8月，出台《深圳市金融产业布局规划》和《深圳市金融产业服务基地规划》；11月，福田金融中心区、罗湖蔡屋围金融中心区、龙岗金融后台服务基地、科技园金融技术创新服务基地四大金融产业同时挂牌，规划建设深圳湾金融商务中心区、蛇口金融园区。

2008年4月，深圳市人大常务委员会颁布《深圳经济特区金融发展促进条例》，用立法的方式将金融业确定为深圳战略性支柱产业，市政府设立金融发展委员会，市长担任委员会主任。2009年末，全市国内金融机构存款总额达到16 938.19亿元，金融业增加值达到1 148.14亿元，比上年增长了20.5%。

2009年，政府自身建设取得重大突破，在经历了几次政府机构改革以后，在2009年实施新一轮的改革，大部门体制初步建立，民主法治建设取得新的进展，在全国率先清理非行政许可事项，率先推出法治政府建设指标体系。深圳市内的几个区的建设也颇有成效，各有其发展的特点。

3.1.2.4 第四阶段：2012年至今，高质量发展时期

随着党的十八大和十九大的召开，我国经济发展进入新的高质量、创新发展阶段，深圳特区的发展也是如此。这一阶段，深圳特区政策的关注重点主要在以下三个方面。

（1）知识产权。深圳特区的发展方向是打造高标准的知识产权城市，提升深圳市地方立法的科学化水平，形成保护知识产权的工作合力，将深圳市建设成高质量的区域文化中心城市，同时实现广州市、深圳市的“双城联动”，实现两个城市相互借鉴，相互促进发展。2015年9月28日，深圳知识产权局组织召开了修订《深圳经济特区加强知识产权保护工作若干规定》专家

研讨会，加强对知识产权的保护。

（2）智能网联汽车。截至2021年初，深圳市公布的智能驾驶测试道路达到100多千米，从天眼查查询的数据显示，目前全国的自动驾驶研发、生产企业已超过4 000家，深圳占其中的1/5。深圳市的科学技术走到前列，但是相关的法律滞后，导致智能网联汽车的商业化困难重重。而且由于现行的道路交通法规所调整的对象是有人驾驶汽车，智能网联汽车不仅上路不具有合法性，而且登记注册困难、运营收费难、责任认定难，亟待破除法律上的障碍。

2021年1月7日，深圳市人大常委会就深圳经济特区智能网联汽车管理条例展开立法调研，这一新兴技术领域的法规拟于2021年提请市人大常委会审议，无人驾驶汽车将有望在深圳合法上路。深圳立法再开全国先河，深圳建设先行示范区综合改革试点方案提出，支持深圳扩宽经济特区立法空间，支持深圳在无人驾驶等领域开展立法先行先试。

（3）金融业。2020年10月29日，深圳市第六届人民代表大会常务委员会通过了《深圳经济特区绿色金融条例》，自2021年3月1日起实施。深圳经济特区与绿色金融相关的活动适用本条例。绿色金融指的是为应对气候变化、环境改善、资源节约高效利用和生态环境系统保护等经济活动所提供的金融服务。深圳市地方金融监管局针对该条例的实行部署召开会议[①]。会议强调，监管局要多种政策并举，抓好宣传；通过国内外媒体报道等方式，提高《深圳经济特区绿色金融条例》的国内国外影响力；健全机制，形成合力；推动建设深圳市绿色金融发展工作领导小组，联动市发展改革委等20多个部门、中央驻深圳监管机构共同推动深圳绿色金融发展；细化分工，确保实施，制定全市分工方案，把《深圳经济特区绿色金融条例》内容细化成12大项、33细项任务，逐项明确牵头部门和任务时限，印发分工方案，按照“发展、监管”分工原则，明确任务的责任处室，确保各项工作有序进行。深圳市创新性地制定补充性地方绿色金融标准，发挥政策合力，制定投资绿色金融政策，持续加强绿色金融人才培养和绿色金融能力建设，制定绿色投资评估、金融机构建设、环境信息强制披露制度，建立绿色金融监管的举报、非现场和现场监管体系，完善绿色金融基础设施和绿色金融统计体系，总结绿色发展“深

① 深圳市地方金融监管局局长何杰主持召开《深圳经济特区绿色金融条例》施行部署会议［EB/OL］.http：//www.sz.gov.cn/cn/xxgk/zfxxgj/bmdt/content/post_8402569.html.

圳模式”，为粤港澳大湾区、全国甚至国际绿色金融发展提供“深圳经验”。

3.2 上海自由贸易试验区

上海市作为国家贸易中心，有着优越的地理位置。上海地处长江和黄浦江入海汇合处，是长江三角洲冲积平原的一部分。上海贸易中心的形成及演变发展是一个漫长的过程，一般认为，上海在20世纪30年代就已经成为东亚的国际贸易中心。改革开放以来，上海开启了不平凡的实践之路。

1990年，党中央和国务院宣布开发和开放浦东，这对加快上海外贸发展具有重大意义。在浦东开发和开放前期，上海率先允许外省市外贸企业在浦东设立了子公司，直至允许设立私营外贸企业，并通过保税区吸引海外企业在此设立贸易公司，为上海聚集贸易企业、推动外贸做出贡献。

2013年9月18日，国务院批准《中国（上海）自由贸易试验区总体方案》，要求上海市探索建立投资准入前国民待遇和负面清单管理模式，深化制度改革，促进贸易和投资的便利化。2013年9月29日，中国（上海）自由贸易试验区正式成立（以下简称“上海自贸区”），面积28.78平方千米，涵盖上海市外高桥保税区、外高桥保税物流园区、洋山保税港区和上海浦东机场综合保税区4个海关特殊监管区域。2014年12月28日，全国人大常务委员会授权国务院扩展中国（上海）自由贸易试验区区域，将面积扩展到120.72平方千米。

2019年7月27日，国务院发文《国务院关于同意设立中国（上海）自由贸易试验区临港新片区的批复》，中国（上海）自由贸易试验区临港新片区先行启动区域包括南部区域、小洋山岛全域、浦东国际机场南侧区域，其中临港地区南部区域共76.5平方千米，小洋山岛全域共18.3平方千米，浦东国际机场南侧区域共24.7平方千米，设立中国（上海）自由贸易试验区临港新片区，标志着上海自贸区范围的扩大。至此，上海自贸区范围涵盖上海市外高桥保税区、外高桥保税物流园区、洋山保税港区、上海浦东机场综合保税区、金桥出口加工区、张江高科技园区和陆家嘴金融贸易区七个区域。2020年9月1日，中国（上海）自由贸易试验区临港新片区启动强化竞争政策实施试点。

上海自贸区的设立，是顺应全球经贸发展新趋势，更加积极主动对外开放的重大举措。这有利于培育我国面向全球的竞争新优势，打造我国经济“升级版”。

3.2.1 开发区产业发展现状

由于自贸区的带动，上海市经济呈现总体平稳、稳中有进、稳中向好的发展态势，显示出较强的韧性和活力。2019年上海市GDP构成如表3.2所示，地区生产总值中第一产业占比不到1%，第二产业占比超过1/4，第三产业占比接近3/4，上海市第三产业产值贡献较大。

表 3.2 2019年上海市GDP构成[①]

指标名称	总量（亿元）	占比（%）
地区生产总值	37 987.60	100.0
第一产业	107.10	0.28
第二产业	10 193.60	26.83
第三产业	27 686.90	72.89

从产业发展来看，上海开发区以战略新兴产业为主的新产业、汽车制造业、电子信息产业、装备制造业、生物医药业等发展较好，下面从具体行业来详细介绍。

3.2.1.1 战略新兴产业

以战略新兴产业为代表的新产业发展迅速，2019年的节能环保、新一代信息技术、生物医药、高端装备、新能源、新材料和新能源汽车等产业工业总产值达1.12万亿元，同比增长3.3%，增速较上年下降0.5个百分点；占全市规模以上工业总产值的比重为32.4%，较上年提升1.8个百分点。新经济新动能对上海工业的引领作用进一步体现，其中新能源发展特别迅速。以新能源汽车、3D打印设备、半导体储存盘等为主的高新技术产品保持较快增长，新兴产品对全市工业的拉动作用不断增强。总体来看，上海市工业制造业转型升级推进遇到宏观经济下行阻力，比之快速发展且具备绝对优势的现代服务

① 国家统计局网站（https：//data.stats.gov.cn/easyquery.htm？cn=E0105&zb=A01&reg=310000&sj=2019）.

业，工业结构调整、高端制造业布局仍面临挑战[①]。

3.2.1.2　电子信息产业

电子信息产业作为上海市的支柱型产业，在上海市的经济发展中发挥着重要的作用。经过不断的发展，上海的电子信息产业已经形成了完整的产业链、先进的技术储备、良好的产业公共服务平台和国际合作经验，这使得上海在新一代信息技术和制造技术的融合发展上有着得天独厚的优势。

在5G、AI、无人驾驶、物联网等战略新兴产业发展需求的带动下，电子信息产业不断发展。同时，电子信息产业作为上海各开发区对外开放程度最高的产业之一，产品有近 80% 外销，由于受出口目的国关税的影响，再加上中美贸易摩擦，2019年上海电子信息产品制造业同比下降2.1%。

3.2.1.3　生物医药业

近年来，上海市生物医药产业增长速度及利润率位居全市战略新兴产业前列。上海市生物医药科技产业促进中心的数据显示，截至2019年12月底，上海市生物医药产业重点企业主要由医药商业、医疗器械、产业服务与药品企业构成。从图3.2中可以看出，生物医药产业中医药商业类企业最多，其次是医疗器械类企业，相对较少的是医疗服务企业。全市8 616家重点生物医药企业中，医药商业企业5 231家，医疗器械企业2 056家，药品企业853家，产业服务企业1 531家，医疗服务企业373家。

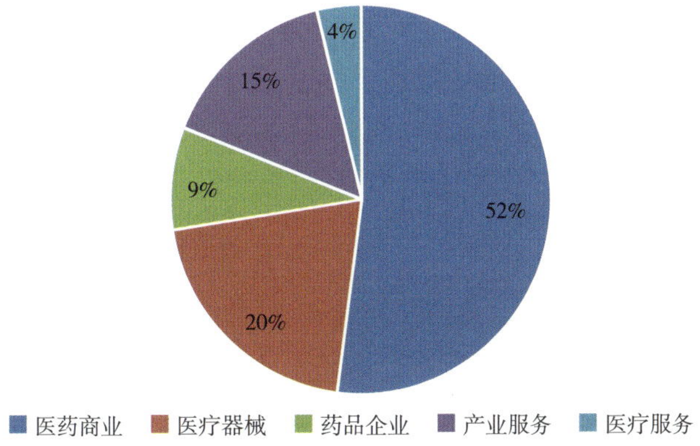

图3.2　2019年上海市生物医药企业重点领域分布

① 管锡清.上海开发区2020年社会经济发展趋势分析［R］.礼森（中国）产业园区智库、上海市开发区协会，2021.

上海在高端生物医药领域已具备较强的先发优势，国家药品监督管理局批准上市的 12 个国产抗体药物中有5个来自上海，形成了以张江高科技园区为代表的生物医药产业园。在研发实力、创新人才、生产工艺等方面全国领先，产业链条基本完备。2020 年是《促进上海市生物医药产业高质量发展行动方案（2018—2020年）》实施的收官之年，上海聚焦抗体药物、细胞治疗等重点领域，着力推动一批重大创新成果产业化，预计生物医药制造业仍将保持较快增长[①]。

3.2.2 法治建设与产业发展的互动作用

我国作为一个经济大国和贸易大国，是推动经济一全球化的重要力量。因此，我国必须建立自己的国际贸易中心、国际金融中心和国际航运中心，其中，建设国家贸易中心的重中之重，就是上海自由贸易试验区的建设。

2019年12月13日，最高人民法院颁布《最高人民法院关于人民法院为中国（上海）自由贸易试验区临港新片区建设提供司法服务和保障的意见》，提出充分发挥司法职能，推动新片区的建设。该意见要求，一是提高思想认知，切实增强新片区的法律服务和保障；二是深化改革创新，推动新片区多元化纠纷解决体系，其中最有亮点的是支持上海成为亚太仲裁中心，支持新片区仲裁制度改革创新；三是增强审判职能，切实保障新片区以投资贸易自由化为核心的制度体系，为新片区营造健康有序的金融市场环境；四是加强协同管控，充分发挥司法防范和应对风险压力的作用，拓展国际司法交流机制，建立与国际接轨的交流学习和人才培养机制。接下来从不同行业分析上海市法规政策的演进过程。

3.2.2.1 现代服务业

开放服务业是上海自贸区的神圣使命，根据《中国（上海）自由贸易试验区总体方案》的内容，上海自贸区的最终目标是进一步开放服务，发展离岸贸易，建立大宗商品交易和资源配置平台，做大做强现代服务业。

2014年6月28日，国务院批准了《中国（上海）自由贸易试验区进一

---

① 管锡清.上海开发区2020年社会经济发展趋势分析［R］.礼森（中国）产业园区智库、上海市开发区协会，2021.

步扩大开放的措施》，在总计31条具体措施中涉及服务业领域的14条、制造业领域的14条，采矿业领域的2条，建筑业领域的1条。具体而言，在服务业扩大开放方面，相比2013年23条服务业开放措施，又新增14条，突出了航运贸易等在自贸试验区的主导产业地位；在制造业和采矿业扩大开放方面，突出了研发的重要性；在建筑业扩大开放方面，体现了基础设施建设对外资的开放程度。这些改变，有利于自贸试验区抓住国际产业重新布局的机遇，发挥好促进我国产业发展转型升级和培育国际经济合作竞争新优势的“试验田”作用。

2014年7月25日，《中国（上海）自由贸易试验区条例》颁布，自同年8月1日起实施。该条例从管理体制、投资开放、贸易便利、金融服务、税收管理、综合监管和法治环境等方面对上海自贸区进行综合性的规范。

3.2.2.2 金融业

2013年，上海自贸区成立不久，上海市同中国人民银行、银监会、证监会、保监会出台了支持上海自贸区建设的“五十一条意见”，成为上海自贸区金融改革的开端。2013年12月2日，中国人民银行印发了《关于金融支持中国（上海）自由贸易试验区建设的意见》，该意见涉及创新的风险管理，探索投资汇兑的便利，人民币的跨境使用，稳步推进利率市场化等内容。虽然该意见未形成具体的政策，但是体现了坚持开放创新的理念，为个人资本项目下的放开提供了支持，有利于推动人民币国际化和深化外汇改革。

2014年2月18日，中国人民银行上海总部印发《关于上海市支付机构开展跨境人民币支付业务的实施意见》的通知，该意见明确了开办跨境人民币支付业务的主体、开办条件、备用金支付、风险管理等方面的内容。2014年2月20日，中国人民银行上海总部发布了《关于支持中国（上海）自由贸易试验区扩大人民币跨境使用的通知》，该通知标志着央行关于跨境人民币使用相关政策在自贸区正式落地，利率市场化进一步探索。2014年5月，围绕贸易和投资便利化这一主题，金融改革政策开始全面实施，以自由贸易账户为核心的风险管理体系正式投入运行。2014年7月25日，上海市人民代表大会常务委员会通过了《中国（上海）自由贸易试验区条例》，该条例第五章规定了金融服务的内容，主要是关于人民币资本项目可兑换、利率市场化、人民币跨境使用等内容。

2015年2月12日，人民银行发布《中国（上海）自由贸易试验区分账核算业务境外融资与跨境资金流动宏观审慎管理实施细则》，至此，上海自贸区境外融资规则全面创新，构建了境外融资的风险控制机制，这标志着上海自贸区境外融资全面开放和金融改革进一步深化。

2015年10月29日，中国人民银行同商务部等部门印发《进一步推动中国（上海）自由贸易试验区金融开放创新试点、加快上海国际金融中心建设方案》。该方案共有40条，分为6个部分，提出人民币资本项目可兑换，进一步扩大了人民币的跨境使用，加快建设面向国际的金融市场，表明上海自贸区的金融布局全面提升。2015年11月24日，上海市人民政府印发《关于加快推进中国（上海）自由贸易试验区和上海张江国家自主创新示范区联动发展实施方案的通知》，表明上海市政府希望借鉴创新示范区的发展促进上海自贸区的金融发展。2019年7月10日，国家外汇管理局上海分局发布《进一步推动中国（上海）自由贸易试验区外汇管理改革试点实施细则（4.0版）》，表明上海自贸区将进一步深化外汇改革。

3.2.2.3 旅游业

2014年3月14日，国家旅游局发布了《国家旅游局关于旅游业支持中国（上海）自由贸易试验区建设的意见》，向上海市旅游局提出了关于支持上海自贸区建设的意见，委托上海旅游局审批外商在上海自贸区设立中外合资经营旅行社、中外合作经营旅行社和外资旅行社，负责试验区中外合资旅行社经营的监管。这一意见为外商采用多种形式在自贸区设立旅行社提供了依据，促进了自贸区旅游业的发展。

上海市还出台了其他产业的相关政策，见表3.3。从表3.3中可以看出，这些政策从不同方面促进了上海自贸区的发展，有些政策的产业针对性很强，如《中国（上海）自由贸易试验区临港新片区集聚生物医药产业发展若干措施》，这些政策会对当地的相关产业发展起到很大的促进作用，从而推动当地经济发展。

表3.3　上海市发布的部分政策一览表

序号	发布时间	发布单位	文件名称
1	2018年11月	上海市人民政府	关于本市促进资源高效率配置推动产业高质量发展的若干意见

续表

序号	发布时间	发布单位	文件名称
2	2020年4月	上海市经济和信息化委员会	上海市促进在线新经济发展行动方案（2020—2022年）
3	2020年4月	上海市人民政府	上海市推进新型基础设施建设行动方案（2020—2022年）
4	2020年5月	上海市经济和信息化委员会	上海市产业结构调整指导目录 限制和淘汰类（2020年版）
5	2020年6月	上海市人民政府办公厅	推动工业互联网创新升级 实施“工赋上海”三年行动计划（2020—2022年）
6	2020年6月	浦东新区科技和经济委员会	浦东新区促进重点优势产业高质量发展若干政策措施（试行）
7	2020年9月	中国（上海）自由贸易试验区临港新片区管理委员会	中国（上海）自由贸易试验区临港新片区集聚生物医药产业发展若干措施

3.3 苏州工业园区

苏州工业园区始建于1994年，位于苏州东部，工业园区行政面积278平方千米（其中，中新合作区80平方千米），是中国和新加坡两国政府间的重要合作项目，被誉为“中国改革开放的重要窗口”和“国际合作的成功范例”。

3.3.1 开发区产业发展现状

2020年，苏州工业园区实现地区生产总值2 907亿元；一般公共财政预算收入377亿元；进出口总额942亿美元；实际利用外资19.7亿美元；全社会固定资产投资405亿元；社会消费品零售总额934.8亿元；服务业增加值占GDP的比重达51.6%；城镇居民人均可支配收入7.97万元。截至2020年底，苏州工业园区已累计为国家创造超过1.2万亿美元的进出口总值，经济密度、创新浓度、开放程度跃居全国前列。在商务部公布的国家级经济技术开发区综合考评中，苏州工业园区连续五年（2016—2020年）位列第一，在国家级高新区综合排名中位列第四，并跻身科学技术部建设世界一流高科技园区行列。

分行业来看，工业方面：2020年，苏州工业园区实现工业总产值5 311.7亿元，其中规模以上工业总产值达5 106.2亿元。2020年，苏州工业园区实现高新技术产业产值3 695.5亿元、新兴产业产值3 242.2亿元，分别占规模以上工业总产值的72.4%和63.5%。服务业方面：2020年，苏州工业园区服务业特别是高端现代服务业健康发展，完成服务业增加值1 499.5亿元，占GDP的比重达51.6%。经认定的各类企业总部已达99家。其中，跨国公司地区总部及功能性机构（省级总部）50家，占江苏省的17%，位列全省第一；苏州市级总部49家，占苏州市的26%，位列全市第一。科技方面：苏州工业园区重视高科技产业发展，生物医药、纳米技术应用、人工智能产业能级不断提升，2020年分别实现产值1 022亿元、1 010亿元、462亿元，产值连续多年年均增长约20%以上。截至2020年底，苏州工业园区内累计有效期内国家高新技术企业超1 837家，累计培育独角兽及独角兽培育企业86家，科技创新型企业8 000多家①。

经过多年发展，苏州工业园区基本形成了以电子信息制造、机械制造、化学制品及医药制造、金属及非金属制品制造等产业为主的制造业生产体系。其中，电子信息制造和机械制造两大产业更以高度产业集聚规模，成为引领园区工业经济发展的龙头。同时，这两大产业由于市场需求大、产业关联度高、技术和知识密集度高、对国民经济支持作用大而被国家和所在省市列入了新一轮产业振兴规划，加以大力扶持。

3.3.2 法治建设与产业发展的互动作用

根据网络搜索的数据，把有关苏州工业园区的法规政策颁布数量制作成趋势图，如图3.3所示。从图3.3中可看出，有关苏州工业园区各年颁布的法规政策差异较大，2013年与2018年颁布的数量达到了近十年的巅峰，而在2010年以前相关的法律条文较少，分别在1996年和2004年左右达到两个局部小高峰，但是与2013年、2018年的高峰相比还是相差较多。

---

① 苏州工业园区管理委员会（http：//www.sipac.gov.cn/szgyyq/yqjj/common_tt.shtml）。

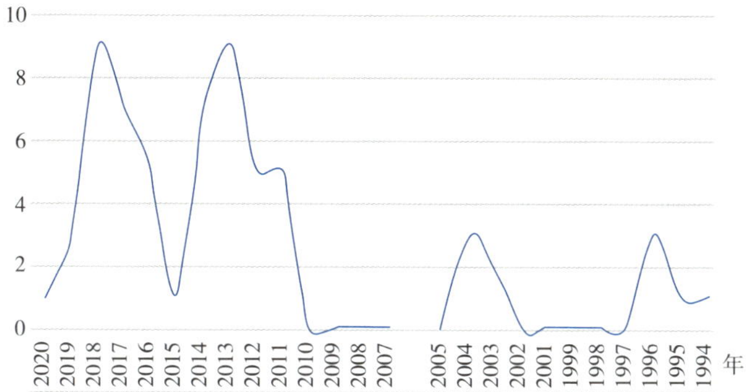

图3.3　苏州工业园区法规政策颁布数量趋势图

资料来源：利用北大法宝数据库（www.pkulaw.cn）加工整理。

苏州工业园区的法规政策随着时代的发展具有不同的侧重点。在搜集整理有关苏州工业园区法律文件的基础上，借助大数据文本挖掘技术，利用词云图进行关键词的演变情况展示，见图3.4。

图3.4　苏州工业园区1992年至今法规政策主要内容词云图

从图3.4中可以看出，根据时间的不同，可以把有关苏州工业园区的法规政策分成三个阶段：一是起步阶段（1992—2002年），法律政策内容的关键词主要为高新技术产业、证券监督管理、环境保护等，这是在苏州工业园区发展初期要关注的问题。二是发展阶段（2002—2012年），这一阶段主要关注产业发展及环境保护等。三是转型升级阶段（2012年至今），这一阶段主要关注产业升级、产城融合（经济开发）等。

1996年7月23日，《中国证券监督管理委员会关于苏州高新技术产业开发区股份有限公司申请公开发行股票的批复》得以通过，该文件对苏州高新区的企业给予政策支持，允许他们发行股票，进行多种方式的融资。同日通过的《中国证券监督管理委员会关于同意苏州高新技术产业开发区股份有限公司采用“上网定价”方式发行A股的批复》要求，在苏州高新技术产业开发区股份有限公司股票发行领导小组的领导下，通过上海证券交易所，精心组织，稳妥操作，确保发行工作万无一失。以点看面，这也表明苏州的管理完善，经商的环境良好，从而能够吸引更多的企业来此投资发展。

2008年3月31日，环境保护部、商务部和科学技术部发布《关于批准苏州工业园区、苏州高新技术产业开发区、天津经济技术开发区为国家生态工业示范园区的通知》，认定苏州工业园区完成了规划设定的阶段目标和任务，基本条件和主要指标达到了国家《综合类生态工业园区标准（试行）》要求。该通知要求苏州工业园区等开发区在完成建设规划设定的阶段目标和任务的基础上，推动国家生态工业园区的建设。这也表明国家对产业的发展规划有所改变，要求各个开发区在大力发展经济的基础上，也要加大力度保护环境，建设生态友好型园区。2014年，《海关总署加贸司关于同意临时调整苏州高新技术产业开发区综合保税区围网的批复》获得通过，这是有关保税区的规定，苏州在占用区域建造临时性围网，保证综合保税区的全封闭性，并在监控设施上满足海关监管要求，待工程结束后按照原验收面积恢复永久围网。苏州开发区通过严格的监管措施，一定的政策支持，公开透明的经商环境，吸引了企业来此发展，从而促进了苏州开发区及整个地区的发展。

2018年1月，为了加强开发区建设，规范开发区管理和服务，提升开发区发展质量和水平，发挥开发区功能优势和开放引领作用，促进经济社会发展，江苏省公布了《江苏省开发区条例》。该条例所称开发区，包括经国务院批准设立的国家级经济技术开发区、高新技术产业开发区和省人民政府批准设立的省级经济开发区、高新技术产业开发区。该条例的发布，对苏州工业园区的发展起到了指导和促进作用。该条例指导开发区把握高质量发展要求，加快向现代产业园区转型，成为践行新发展理念和培育发展新动能的引领区、高水平营商环境和便利创业创新的示范区、先进制造业和现代服务业的集聚区、深化改革开放和体制机制创新的先行区。

2020年，江苏省人民政府发布《省政府关于同意苏州工业园区及所辖镇（街道、开发区）土地利用总体规划修改方案的批复》，同意苏州工业园区及所辖娄葑街道、唯亭街道、斜塘街道、胜浦街道土地利用总体规划（2006—2020年）修改方案，确保耕地保有量和永久基本农田面积不减少、建设用地规模增加20公顷，发展苏州工业园区要切实加大耕地保护力度，强化建设用地空间管制，严格规划实施管理，积极落实发展战略，严格生态空间管控，确保生态功能不降低、面积不减少、性质不改变。

除了上述政策外，有关苏州市产业发展的政策还有很多，如《市政府印发〈关于促进苏州股权投资持续高质量发展的若干措施〉的通知》（2021）、《苏州市促进集成电路产业高质量发展的若干措施》（2021）、《苏州市促进新一代人工智能产业发展的若干措施》（2021）、《苏州工业园区关于推进制造业高质量发展的若干措施》（2021）、《关于鼓励跨国公司在江苏设立地区总部和功能性机构的意见（2021年版）》（2021）、《市政府印发〈关于推进制造业智能化改造和数字化转型的若干措施〉的通知》（2020）、《市政府印发〈关于加强智能制造生态体系建设的若干措施〉的通知》（2018）、《苏州工业园区人工智能产业发展行动计划（2017—2020）》（2017）、《苏州工业园区关于推动人工智能相关产业发展的若干意见》（2017）等。这些政策的颁布实施，对相关产业的发展起到了巨大的推动作用。

3.4　广州开发区

广州经济技术开发区于1984年经国务院批准成立，它是全国首批国家级经济技术开发区之一，它与广州高新技术产业开发区、广州出口加工区、广州保税区、中新广州知识城合署办公（统称“广州开发区”），实行“五区合一”的管理体制。

3.4.1　开发区产业发展现状

经过多年的发展，广州开发区综合实力一直在全国开发区中排名前列，是广州市重要的经济发展增长极。2018年，广州开发区完成地区生产总值2 795亿元，增长7.8%；固定资产投资1 038亿元，规模以上工业总产值5 678亿元；合同利用外资41.45亿美元，实际利用外资22.47亿美元，财税总收入1 052亿美元，继续领跑全国开发区①。

---

①　中国开发区年鉴（2020）［M］.首都经济贸易大学出版社，2020.

广州开发区经过多年发展与优化，其产业类型逐步由原来的化学原料及化学制品制造业、食品制造业、电气机械及器材制造业、金属制品业、饮料制造业五大产业发展到九大产业。作为广州市重要的经济发展增长极、科技创新重大引擎、创新驱动发展核心区，广州开发区对当地的经济贡献较大。

图3.5显示了广州开发区所在黄埔区的GDP变化趋势。从图中可以看出，区域经济运行稳中有进，发展动力不断增强。具体表现为，2019年开发区所处的黄埔区完成GDP 3 502亿元，增长8.6%，增速创六年新高，综合实力位居全国百强区第四，较上年提升两位。广州开发区综合考评居国家级经济技术开发区第二。所在区（黄埔区）固定资产投资完成1 398.72亿元，增长20.1%。规模以上工业总产值7 936亿元，固定资产投资1 398亿元，进口总额1 601亿元，出口总额1 285亿元，实际利用外资22.8亿美元。规模以上工业总产值、固定资产投资、一般公共预算收入、税收总额、进出口总值、实际利用外资等指标总量居广州市第一[①]。

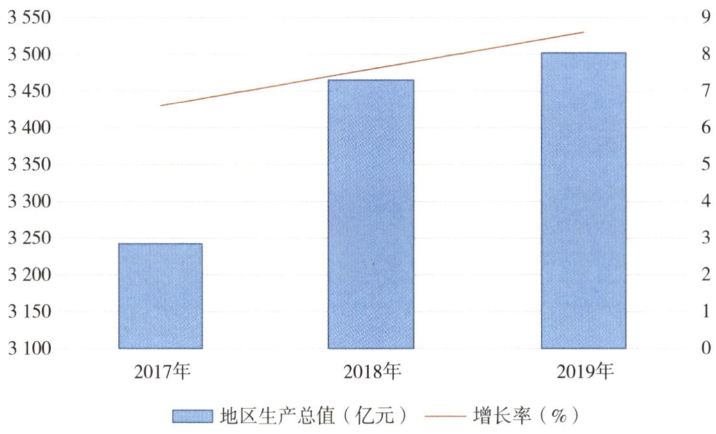

图3.5　2017—2019年广州开发区所在区域GDP变化趋势图

资料来源：http：//news.timedg.com/2020-05/26/21126646.shtml.

3.4.2　法治建设与产业发展的互动作用

梳理有关的法律政策，根据时间的不同，把广州开发区相关法规政策数量随时间变化趋势做成趋势图（见图3.6）。从1985—2019年广州开发区的法

① 资料来源：http：//news.timedg.com/2020-05/26/21126646.shtml.

规政策颁布数量的演变轨迹看，法规政策数量大致呈逐年上升的趋势，2017年颁布数量达到局部高点，2019年达到最高点。与此同时，2017年广州开发区完成地区生产总值2 639.45亿元，比上年增长6.8%；规模以上工业总产值5 728.12亿元；广州开发区经济效益保持全国开发区领先地位，高新区闯入全国十强，综合经济实力迈上新台阶。

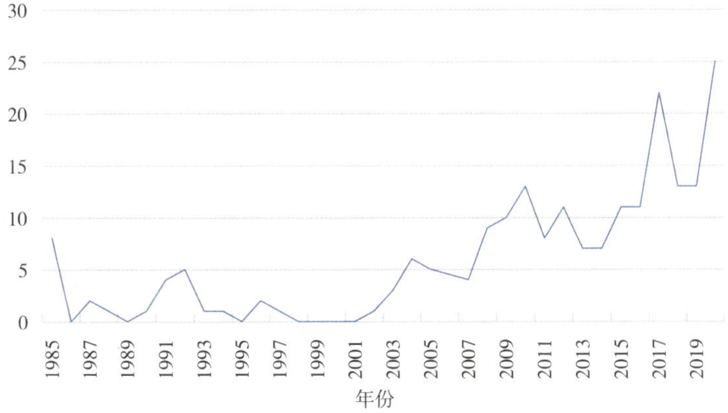

图3.6 广州开发区法规政策颁布数量

资料来源：利用北大法宝数据库（www.pkulaw.cn）加工整理。

广州开发区的法律法规随着时代的发展具有不同的侧重点。在搜集整理有关广州开发区法律文件的基础上，借助大数据文本挖掘技术，利用词云图进行关键词的演变情况展示，见图3.7。

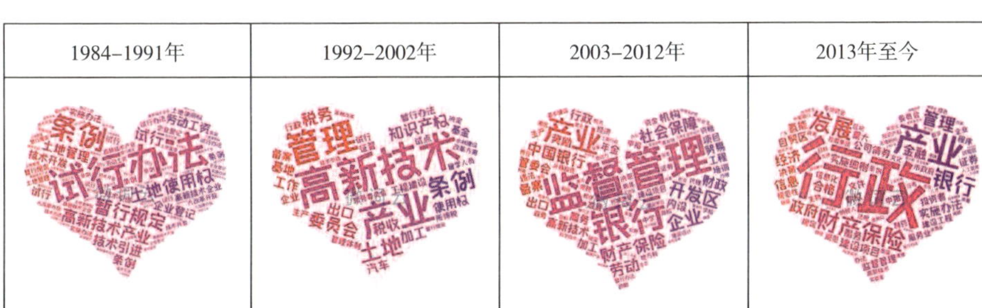

图3.7 广州开发区1984—2020年法规政策词云图

从图3.7可以看出，按照时间不同，所有法律政策分成四个阶段。在第一阶段（1984—991年），法规政策主要关注开发区的初期发展，其关键词有试行办法、暂行规定等，一切都在摸着石头过河。在第二阶段（1992—2002

年），国家加大开放力度，政策关注高新技术的发展，通过加强管理促进产业发展。在第三阶段（2003—2012年），广州开发区高速发展，政策一方面关注产业发展，另一方面加强监督管理和社会保障。在第四阶段（2013年至今），主要提倡高质量发展，进行经济发展转型升级，开发区管理进入新时期，强调产城融合，关注行政管理的效率和水平。

具体来看，1992年，《国家科委体制改革司、国家体改委综合规划和试点司关于广州天河高新技术产业开发区综合改革方案备案的复函》的通过，标志着广州天河高新技术产业开发区的建立。根据1993年的《广州南沙经济技术开发区和惠州大亚湾经济技术开发区的批复》，广州建立南沙和惠州开发区，这表明我国经济技术开发区的建设稳步进行。2007年出台《商务部关于委托广州经济技术开发区审核管理部分服务贸易领域外商投资企业有关工作的通知》，从中可看出广州进一步拓展服务贸易领域，加强产业的管理与支持。

2011年颁布实施的《环境保护部、商务部、科学技术部关于批准广州开发区为国家生态工业示范园区的通知》，表明广州开发区成为生态工业示范区，这就要求广州不仅要大力发展工业，也要注重生态发展，符合环保和绿色发展的要求。2005年，《中国证券监督管理委员会关于核准广州开发区工业发展集团有限公司向合格投资者公开发行公司债券的批复》，2018年通过《中国证券监督管理委员会关于核准广州开发区金融控股集团有限公司向合格投资者公开发行公司债券的批复》，表明广州开发区的工业发展集团和金融控股集团可以向合格的投资者公开发行公司债券，进一步拓宽了企业融资渠道，保证广州开发区发展所需资金得以满足，从而促进行业、产业和整个开发区的发展。

2018年9月，黄埔区、广州开发区正式发布《广州市黄埔区广州开发区促进文化创意产业发展办法》，从企业和人才落户、培育、平台和文化设施建设、品牌培植、重点活动等方面给予扶持，扶持范围覆盖文化创意产业发展的全链条。着重扶持具有高成长性的企业，通过文化创意产业发展、融合产生的巨大激励作用助推黄埔区、广州开发区文化创意产业快速发展。

2018年11月，黄埔区、广州开发区正式发布《关于大力支持民营及中小企业发展壮大的若干措施》，推出5个方面18条措施，全面降成本、降税费。该政策旨在破解融资难、融资贵等问题，全面减轻企业税费负担，支持企业自主创新，为民营企业、中小企业发展创造更好条件。

2020年3月，黄埔区、广州开发区重磅推出“营商环境10条”和营商环境改革创新99项具体措施，用两大政策文件打出优化营商环境“组合拳”，加快争创国家营商环境改革创新试验区。这次出台的《广州市黄埔区 广州开发区 广州高新区营商环境改革创新促进办法》（简称“营商环境10条”）和《广州市黄埔区 广州开发区 广州高新区进一步深化营商环境改革创新若干措施》，前者从宏观层面、内部机制为全区优化营商环境提供更有利的保障和支撑；后者对标国际先进水平，从商事登记、工程建设项目审批等16个方面提出99项营商环境改革创新具体举措。

3.5 天津经济技术开发区

天津经济技术开发区创立于1984年12月6日，位于天津市区以东40千米，为天津市滨海新区的重要组成部分，国家综合配套改革试验区的一部分，是中国首批国家级经济技术开发区之一。

3.5.1 开发区产业发展现状

天津经济技术开发区地处环渤海经济带和京津冀都市圈的交汇点，在京津冀协同发展、自贸区建设、国家自主创新示范区建设、滨海新区开发开放等国家战略中具有突出的区位优势。天津经济技术开发区共设有11个园区，分别为开发区东区、中心商务片区、开发区西区、南港工业区、开发区中区、一汽—大众华北基地、逸仙科学工业园、微电子工业区、现代产业园区、南部新兴产业园、滨海—中关村科技园区。总体而言，11个园区的功能定位明确、规划清晰、特色鲜明，是天津经济技术开发区持续发展的重要载体。

2015—2019年，天津经济技术开发区地区生产总值年均增长8.8%，在国家级经济技术开发区中名列前茅。固定资产投资年均增长16.1%，累计建设项目1 230个，完成固定资产投资1 635亿元。500亿元级企业2家，百亿元级企业20家，10亿元级企业170家，亿元级企业738家。累计外商投资总额1 408亿美元，124家世界500强企业投资了410个项目，实际利用外资额总量位居全国经济技术开发区第二。其中，2019年实际利用外资11.78亿美元，外贸进出口总额达到2 470.5亿元。规模以上工业总产值超过5 000亿元，汽车及高端制造、新一代信息技术、石化新材料及生物医药等主导产业加速聚集，新能源、新材料、大数据、现代金融、数字创意等新兴产业加速发展，生物医药获批国家第一批战略性新兴产业集群[①]。

根据最新统计数据，天津经济技术开发区2020年工业企业指标如下：规模以上工业总产值同比下降1%，其中，高新技术企业总产值同比增长6.2%，高技术制造业同比增长3.1%。重点行业产值指标如下：汽车和装备同比增长3.1%，电子信息同比增长6.2%，化工新材料同比下降20.8%，医药健康同比增长0.1%。重点行业中化工新材料行业产值下降严重，拖累工业总产值下降。[②]

3.5.2 法治建设与产业发展的互动作用

天津经济技术开发区的法规政策也随着时代的发展具有不同的侧重点。在搜集整理有关天津经济技术开发区法规政策的基础上，利用大数据文本挖掘技术，可视化展示天津经济技术开发区法律规定的时间演变特征，构造有关法规政策内容的词云图（见图3.8）。

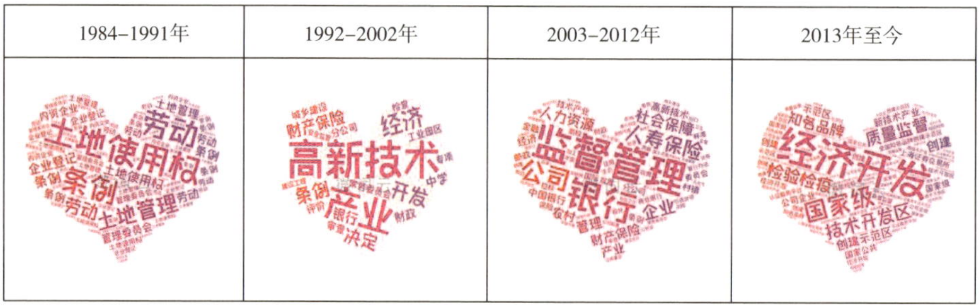

图3.8 天津经济技术开发区1984年至今法规内容词云图

如图3.8所示，与前述几个开发区的划分标准一样，按照时间顺序把有关法规政策分成四个阶段，展示词云图的具体内容（见表3.4）。

第一阶段（1984—1991年），关键词为土地使用权、土地管理等。总体上，我国沿海经济技术开发区自陆续建设以来，率先实行了有偿使用国有土

---

① 天津经济技术开发区“十三五”硕果累累［EB/OL］. https://www.360kuai.com/pc/9829c340f184ac436? cota=3&kuai_so=1&tj_url=so_vip&sign=360_da20e874&refer_scene=so_3.

② 天津经济技术开发区政务服务平台（https://www.teda.gov.cn/channels/3959.html）.

地的政策，天津也如此。天津允许并鼓励国内外投资者到开发区进行“划片开发”，有利于引进竞争机制。在这一时期，天津经济技术开发区包片开发的中国国际信托投资公司、天津经济开发公司、天津电子仪表局、中国电子进出口公司等都是在国内较大的实业集团。

第二阶段（1992—2002年），关键词为高新技术、产业等。1992年，邓小平南方谈话后，开发区开放步伐加快，经济发展迅速。法规政策的关注重点在于产业发展及高新技术的促进，进一步加大园区的开发力度。

第三阶段（2003—2012年），关键词为监督管理、社会保障等。有关监督管理的规定，有利于对公司企业进行管理，以及对政府部门等工作进行监督。

第四阶段（2013年至今），关键词为经济开发、质量监督等。党的十八大以后，国家提倡高质量发展，天津经济技术开发区也进入新的发展阶段。这一阶段着重强调经济发展的质量，努力创建示范区。

表3.4 天津经济技术开发区词云图突出词汇

词云图突出词汇				
总体情况	第一阶段（1984—1991年）	第二阶段（1992—2002年）	第三阶段（2003—2012年）	第四阶段（2013年至今）
土地、证券、科技、保险、公司、法规类别、知识产权、质量管理、监督	土地使用权 劳动 土地管理 条例	高新技术 产业	监督管理 银行 人寿保险 社会保障 公司	经济开发 检验检疫 质量监督 技术开发区 创建示范区

下面结合天津经济技术开发区产业发展历程的不同阶段，详细论述其各阶段的法治建设与产业发展的互动关系。

3.5.2.1 第一阶段（1984—1991年）

就政策而言，天津经济技术开发区主要享受两条国家开发区通用政策：一是中央财政将天津经济技术开发区新增税收全部返还天津市，用于开发区建设和发展；二是对外商生产型企业的所得税实行优惠。与此同时，天津经济技术开发区还享受两个“五年期的全额返还”和“三年期的递减返还”优惠政策。

1985年7月20日，天津市人大常委会第十二次会议审议通过了《天津经济技术开发区管理条例》，从行政管理、注册经营、劳动管理、优惠待遇等方面做了规定。此外，《天津经济技术开发区企业登记管理条例》《天津经济技术开发区劳动管理规定》《天津经济技术开发区土地管理规定》，以法规形式明确了天津经济技术开发区的管理体制和土地、企业注册、劳动管理三个关键领域的管理办法；加上之后陆续出台的实施细则，为天津经济技术开发区的“依法治区”奠定了坚实的基础。1986年9月，天津市人民政府颁布《天津市人民政府关于进一步推动横向经济联合的试行办法》。在此阶段，天津经济技术开发区管理服务方面自主程度较大，管理当局可以在授权之内，调配人员、财力、土地，并制定相关法规和区域政策。

3.5.2.2 第二阶段（1992—2002年）

天津市于1992年提出了“科技兴市”的口号，并相继出台了一系列文件。1995年，天津市经济技术开发区确定并实施“六高三化”的发展目标。1996年，天津经济技术开发区实施“由政策优势向体制优势转变，由一般项目向资本密集型与技术密集型项目转变，由单一工业区向现代化新城区转化”战略，确定了“科技兴区”的方针，制定并出台了一系列促进高新技术产业发展的措施和政策。

在加速时期，天津经济技术开发区发布了《工程建设施工招标投标管理办法》《环境保护规定》《项目引荐奖励试行办法》《天津市提高外商投资企业审批工作效率的若干规定》《天津市提高固定资产投资管理工作效率的若干规定》等管理规定，并于1996年发布了《天津经济技术开发区行政事业单位收费规定》《天津经济技术开发区科技发展风险管理暂行规定》《天津经济技术开发区社会保险规定》等 12项行政管理规定，内容涉及投资促进、土地使用、能源供应、城市建设和管理、劳动就业、环境保护等方方面面，为全区企业和个人提供了全方位的法律规范和保障。1997年又发布了《天津经济技术开发区规划设计管理规定》。

3.5.2.3 第三阶段（2003—2012年）

2004年，天津经济技术开发区继续深化“双高”政策体系，完成了《国家及天津市重点科技项目开发区匹配专项资金管理暂行办法》，成立了开发区生物技术产业发展推动小组，出台了《天津经济技术开发区生物医药产业发展纲要》，发布了《天津经济技术开发区鼓励住宅物业管理发展的暂行规定》。2005年颁布了《天津经济技术开发区协议出让工业用地管理暂行规定》。2006年，天津经济技术开发区先后制定、修订了《天津经济技术开发区促进先进制造业发展的暂行规定》《天津经济技术开发区促进现代服务业发展的暂行规定》《天津经济技术开发区促进高新技术产业发展的规定》《天津经济技术开发区人才引进、培养与奖励的规定》等规定，进一步完善了区域产业促进政策体系，为全区产业结构优化升级提供了政策保障。2007年，天津经济技术开发区继续完善区域法治环境，当年颁布了《天津经济技术开发区促进服务外包产业发展的暂行规定》《天津开发区关于鼓励大型贸易类企业和运营中心发展的九条意见》《天津经济技术开发区促进节能降耗、环境保护的暂行规定》三项行政规范性文件。2008年颁布了《天津经济技术开发区促进高新技术产业发展的规定》《天津经济技术开发区促进服务外包发展的规定》《天津经济技术开发区促进现代服务业发展的规定》。

2009年，天津市组织开发区各执法部门及管理部门集中培训《天津市城市管理规定》等，增强了执法人员的依法行政意识和执法能力。积极发挥法制机构的法制参谋、顾问、助手作用，有力促进了开发区依法行政水平的提高。同时，还加强开发区区域法治宣传，向全区企业、居民发放《天津经济技术开发区法规及规范性文件》，不断推进开发区法治建设。

3.5.2.4 第四阶段（2013年至今）

2016年，天津经济技术开发区加强重点领域立法工作，围绕能源管理、应急管理、金融创新等重点领域，对全区规范性文件进行梳理修订。审核规范性文件9部，重新编纂《天津经济技术开发区法规及规范性文件汇编》。2017年，天津经济技术开发区有序推进规范性文件审核修订工作，完成《南港工业区封闭式管理规定》《南港港口岸线管理规定》等文件草案的法规审核、备案。严格行政执法监督，开展执法主体权责清单核对，推动各执法主体落实行政执法三项制度。开展“法律六进”工作，完成“法律进企业”等十大精准普法品牌建设。完善公共法律服务，开展天津经济技术开发区新市民公共法律服务、天津经济技术开发区职工公共法律服务两大亮点项目。

2018年，天津经济技术开发区修订印发了《天津经济技术开发区促进先进制造业发展暂行办法》和《天津经济技术开发区促进现代服务业发展暂行办法》两个总纲性政策，以及《天津经济技术开发区促进金融业创新发展暂行办法》《天津经济技术开发区发展新经济培育新动能暂行办法》《天津经济技术开发区促进商贸服务业发展暂行办法》《天津经济技术开发区促进影视文化产业发展暂行办法》4个细分产业政策，为促进现代产业发展提供了重要支撑。

从上述分析可以看出，天津经济技术开发区的经济增长与法治建设密切相关。1993年，修订《天津经济技术开发区管理条例》，对中外合资企业部分规定进行了完善；2001年，再次修订《天津经济技术开发区管理条例》，第六条明确规定："开发区内以开办技术先进的工业企业为主。一切有利于中国经济发展和技术进步的企业，都可由境外投资者与境内公司、企业或者其他经济组织合资、合作开办或者独立开办。"如图3.9所示，天津市1999—2014年GDP变化与法规发布数量均存在向上增长趋势。

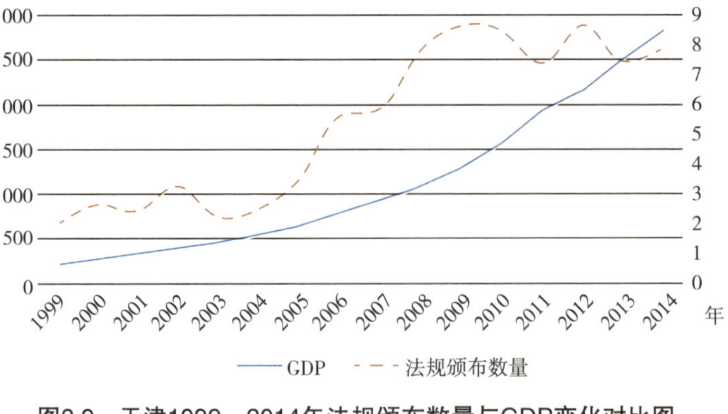

图3.9 天津1999—2014年法规颁布数量与GDP变化对比图

由相关系数表（见表3.5）可以看出，法规颁布数量与主要经济指标的相关系数均大于0.6，呈现中度正相关关系，说明法规对经济发展具有促进作用。

表3.5　天津市1999—2014年法规颁布数量与主要经济指标的相关系数

	地区生产总值	第二产业增加值	第三产业增加值	工业生产总值
相关系数	0.66	0.656	0.629	0.69

另外，从不同产业类别分析，不同产业的法规政策颁布对产业的发展有显著的影响。由天津经济技术开发区法规类别展示（见图3.10）可以发现，天津经济技术开发区法规类别多与保险、知识产权、公司、卫生相关，这与天津市开发区形成了电子通信、食品、机械、生物医药四大支柱产业的国家级开发区的产业发展现状以及发展特点相吻合。天津市开发区法律法规的完善为产业的发展提供了保障，促进了相关产业的发展。

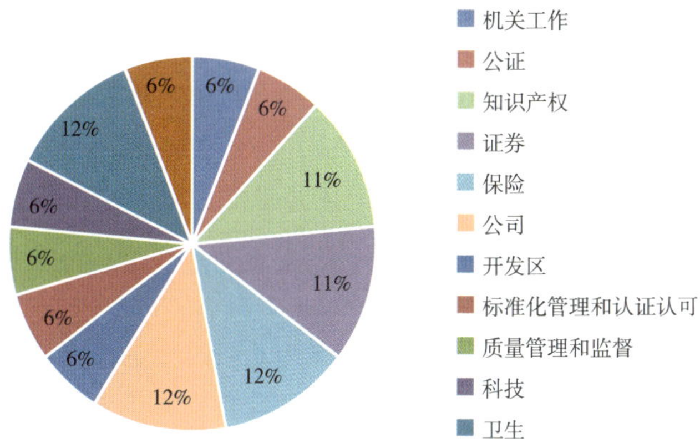

图3.10　天津经济技术开发区法规类别

在发展起步阶段，天津经济技术开发区的产业发展以奠定产业基础、引进外资技术、发展传统的工业技术为主。天津经济技术开发区坐落于环渤海经济圈的中心地带，可以方便地辐射广大的内陆地区。在天津经济技术开发区发展初始阶段，主要解决的是土地以及外资的问题，这与表3.4中所反映的法律法规词频相符，即与中高频词为土地使用权、土地管理、劳动相一致。产业的发展需要相应的法律法规的建立与完善，相应的法律法规的制定进一步促进了产业的发展。

随着经济的快速发展，天津经济技术开发区逐步进入以外资为主导，向高新技术产业发展的过渡阶段。通过图3.10我们不难发现，与高新技术相关的法律法规在此阶段占比增大，1996年，天津经济技术开发区实施“由政策优势向体制优势转变，由一般项目向资本密集型与技术密集型项目转变，由单一工业区向现代化新城区转化”战略，确定了“科技兴区”的方针，制定并出台了一系列促进高新技术产业发展的措施和政策。受1997年金融危机的影响，天津经济技术开发区产业发展遭遇“双轮刹车”，产业发展处于低潮阶段，从法律法规的层面来看，更加注重对于开发区的监督管理，这与产业刚经历低谷期、需要促进产业更加稳定的发展是密切相关的。那么，更加注重科技、走“科技兴区”道路、提高科技在经济增长中的贡献就成为天津经济技术开发区的关注重点。

3.6 北京经济技术开发区

北京经济技术开发区始建于1992年，位于北京市东南部，总体规划面积46.8平方千米，由产业区、商务区及生活区构成，是北京重点发展的三大新城之一。

1991年12月6日，北京市人民政府正式批准成立北京市亦庄工业区管理委员会并于次年开始建设。1992年7月10日，北京市政府决定将北京市亦庄工业开发区管理委员会更名为“北京经济技术开发区管理委员会”。1994年8月25日，北京经济技术开发区被国务院批准为北京唯一的国家级经济技术开发区。1999年6月，经国务院批准，开发区范围内7平方千米被确定为中关村科技园区亦庄科技园，享受中关村科技园区的优惠政策，成为北京市唯一一个同时享受国家级开发区和国家级科技园区双重优惠政策的区域。2002年8月8日，国务院批准北京经济技术开发区扩区，同意北京经济技术开发区在一期规划面积22.5平方千米基础上，向京津塘高速公路以东和凉水河以西两个方向扩大24平方千米，使开发区的总规划面积达到46.5平方千米。2007年1月5日，北京市人民政府批复《亦庄新城规划2005—2020年》，明确指出以开发区为核心功能区的亦庄新城是北京东部发展带的重要节点和重点发展的新城之一。2019年，北京市实行经开区的调整政策和近期的扩区，区域面积从60平方千米扩充到225平方千米。

3.6.1 开发区产业发展现状

作为京津城际发展走廊上的高新技术产业和先进制造业基地，北京经济技术开发区同时享受国家级经济技术开发区和国家高新技术产业园区双重优惠政策。近年来，北京经济技术开发区被有关部委列为国家生态工业示范园区、国家新型工业化产业示范基地、国家级循环经济示范区、国家太阳能光伏发电综合应用示范区、国家生物医药创新孵化基地、国家电子商务示范基地、国家海外高层次人才创新创业基地、北京电子商务中心区、北京国家生物创业基地、北京市G20工程生物医药成果转化基地等。

本书选取2015年至2019年北京经济技术开发区规模以上工业总产值及增速情况进行分析。如图3.11所示，总体上，2015—2019年，北京经济技术开发区的规模以上工业总产值每年均有不同程度的增长，2015—2017年呈加速增长趋势，其中2017年同比增速最大，随后两年增速有所回落。

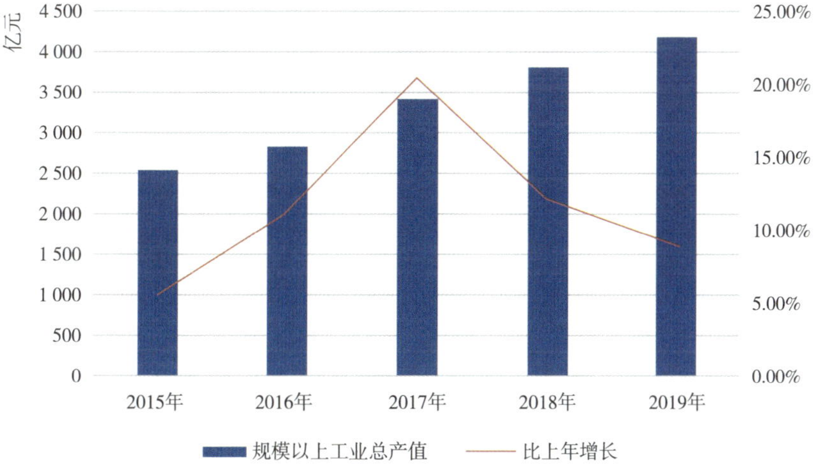

图3.11 2015—2019年开发区规模以上工业总产值及增速情况

资料来源：北京经济技术开发区官方网站（http://www.bda.gov.cn/cms/sdzdcy/51622.htm）。除非特别说明，本节数据均来源于北京经济技术开发区官方网站和《北京经济技术开发区年鉴（2020）》。

从地区生产总值具体构成来看，2019年北京经济技术开发区地区生产总值高达1 932.8亿元，按可比价格计算，比上年增长8.9%，充分证明北京经济技术开发区整体的经济实力不容小觑。其中，第二产业增加值1 258.8亿元，增长8.1%；第三产业增加值674亿元，增长10.4%（详见表3.6），工业增加值1 212.6亿元，增长8.0%。

表3.6　2019年地区生产总值综合分布

指标	产值（亿元）	同比增长（%）	比重（%）
地区生产总值	1 932.8	8.9	100
按产业分：			
第二产业	1 258.8	8.1	65.1
第三产业	674.0	10.4	34.9

资料来源：北京经济技术开发区官方网站（http：//www.bda.gov.cn/cms/sdzdcy/51622.html）。

2019 年，北京经济技术开发区四大主导产业发展迅速。四大主导产业实现产值共计3 803.6 亿元，比 2018 年增长 11.4%。其中，新一代信息技术产业实现产值 705.5亿元，比 2018 年增长 1.0%，占开发区工业总产值的 17.1%。汽车制造产业实现产值2 032.3亿元，比 2018 年增长 16.9%，占开发区工业总产值的49.3%，成为四大主导产业中增速最快的产业。生物医药产业实现产值 514.8 亿元，比 2018 年增长 2.3%，占开发区工业总产值的12.5%。智能制造产业实现产值 551.1 亿元，比 2018 年增长 6.3%，占开发区工业总产值的13.4%。北京经济技术开发区2019年各主导产业产值排序是“汽车制造产业>新一代信息技术产业（电子信息产业）>智能制造产业>生物医药产业”。四大主导产业均保持了较为稳定的增长，产业结构进一步优化，由原来电子信息产业一家独大，到如今真正实现“四足鼎立”。

3.6.2　法治建设与产业发展的互动作用

本书整理了北京经济技术开发区自1992以来颁布的法规政策的数量，根据时间的发展变化，绘制时间变化趋势图（如图3.12所示）。其中，2012年发布的法规政策数量达到了近十年的巅峰。北京经济技术开发区一向重视产业发展和营商环境的协调统一，支持社会各界与经济技术开发区一道，共同探索产业发展和法治建设。随着开发区法规政策的逐步健全，法治建设为地区发展、产业发展带来了福音。

图3.12　北京经济技术开发区颁布的法规政策的数量趋势图

资料来源：利用北大法宝数据库（www.pkulaw.cn）加工整理。

通过对北京经济技术开发区相关法规政策的分类，制作类别构成图（见图3.13）。由图3.13可知，以开发区作为关键词的法规政策占到了整体比例的46%，其余的如知识产权、税收、外商投资企业等均保持了一个相对均衡的比例。这充分证明国家对于开发区法治建设的高度重视，充分结合地区实际进行具体法律法规的颁布，并兼顾到开发区各方面的发展，如房地产、卫生等领域。地区的发展离不开各个行业的相互支持，产业的发展也因为各行业的蓬勃发展而有了质的飞跃。从年度的产值数据可以看出，得益于法治建设的逐步完善，北京经济技术开发区的产业发展一路走高。

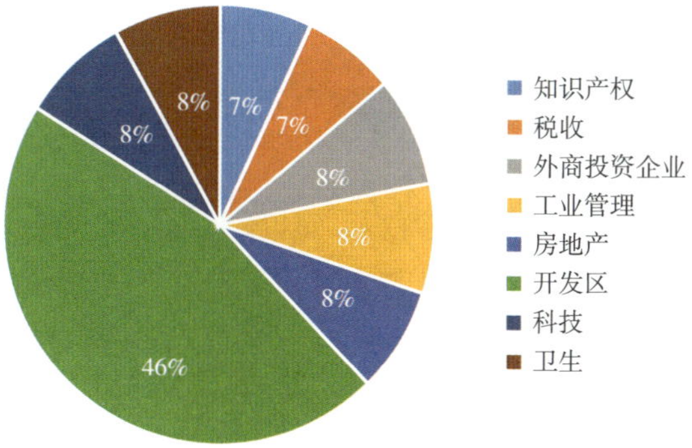

图3.13　北京经济技术开发区法规政策类别构成图

接下来，根据不同的发展阶段详细分析北京经济技术开发区的法治建设进程。以法治建设的进展分析为基础，用不同的时间阶段为分割依据，将北京经济技术开发区的有关法规政策进行文本分析，进一步直观展示北京经济技术开发区不同阶段对法治建设的关注情况。具体地，利用大数据挖掘技术，得到关键词的词云图（见图3.14）。

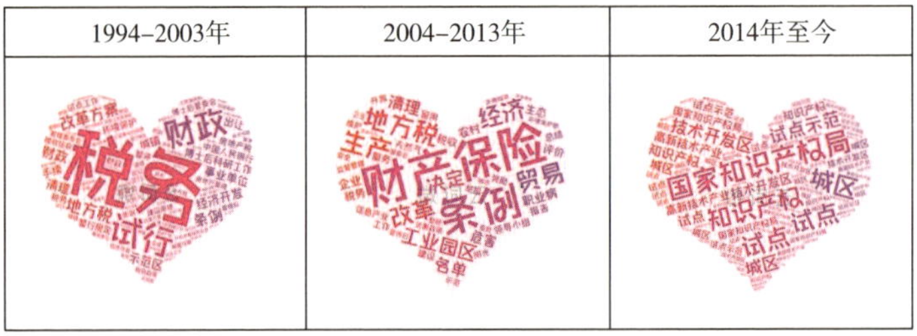

图3.14　北京经济技术开发区法规政策词云图

资料来源：利用北大法宝数据库（www.pkulaw.cn）加工整理。

1994年出台的《国务院关于设立北京经济技术开发区的批复》这一规范性文件，标志着北京经济技术开发区建立的开端。北京经济技术开发区具有得天独厚的条件。北京是我国的政治中心、文化中心，有大量的资金和政策的支持，开发区发挥首都优势，积极地吸引外资，兴办高起点的工业项目和高新技术产业，扩大贸易出口规模，发挥外向型经济的窗口作用。开发区已经做到开发一片、建设一片、收获一片，以点带面，促进当地各项工作的开展。

表 3.7　北京经济技术开发区词云图关键词

整体情况	第一阶段（1994—2003年）	第二阶段（2004—2013年）	第三阶段（2014年至今）
银行、税收、房地产、合同、知识产权、土地、营商环境优化	财政 税务	财产保险 条例	国家知识产权局 知识产权

如图3.14、表3.7所示，不同的历史时期，北京经济技术开发区法规规制的关注重点呈现出差异性。从整理的数据看，北京经济技术开发区的有关法

规政策按照大概每个阶段十年来划分，可以分为三个不同的发展阶段。

第一阶段（1994—2003年），相关法规政策的重点在税收优惠等政策方面。开发区经济建设，离不开税收征收手段和税务机关征管模式的变革。国务院批复的《国家高新技术产业开发区税收政策的规定》，是对开发区税收政策现状的总体概括。2003年颁布实施的《财政部、国家税务总局关于同意在北京经济技术开发区开展房地产税模拟评税试点工作的批复》，同意将北京经济技术开发区作为财政部、国家税务总局开展房地产税模拟评税工作的试点地区，进行房地产税模拟评税的试点工作，这也是房地产税法治进程中的一项进步。同时，在这一时期，扩大改革开放，关注财政收入，有很多事情都在摸索，很多政策都是试行，所以关键词“地方税”“财政”“试行”“改革方案”等出现的频率也较高。

第二阶段（2004—2013年），相关的法律政策偏向于具体的生产方面，这一阶段的关键词有“财产保险”“生产”“贸易”“经济”等。2005年颁布的《信息产业部关于同意北京经济技术开发区等31个城市和地区为首批国家电子信息产业园的决定》，促进了北京等多地建立国家电子信息产业园，被批准的国家级产业园区均是产业规模、技术水平、骨干企业数量在电子信息产业某一特定领域处于国内领先水平的产业聚集区域，具有突出的产业特色。同时，对比2005年北京经济技术开发区的综合发展背景可以看出，2005年全区实现生产总值250.20亿元，比上年增长60.2%，比2000年增长8.48倍。其中，第二产业增加值223.78亿元，比上年增长70.5%；第三产业增加值26.42亿元，比上年增长6.0%，第二、三产业比重分别为89.44%和10.56%，在国家法治建设对于电子信息产业的大力扶持下，在销售（营业）收入中，以诺基亚为主体的电子与信息业销售（营业）收入占全区高新总量的75.80%。从这一阶段电子信息产业的发展及法规政策的颁布情况，可以得出如下结论：产业发展会促使相关法规政策的完善，而完善的法规政策又能推动产业向更高层次发展，开发区的产业发展与法治建设相互促进。

在这一阶段，政府还关注服务贸易及生态发展的内容。2007年颁布实施《商务部关于委托北京经济技术开发区审核管理部分服务贸易领域外商投资企业有关工作的通知》，明确了北京经济技术开发区审核部分服务贸易领域外资投资企业的有关规定，进一步理顺了管理体制，形成了精简高效的管理体制，在很大程度上促进了外资企业的发展。2009年，颁布实施《环境保护部、商务部、科技部关于同意北京经济技术开发区等园区建设国家生态工业示范园区的通知》，这表明北京经济技术开发区重视生态与经济的平衡发展，符合现在国家倡导的“既要金山银山，也要绿水青山”的发展理念。

第三阶段（2014年至今），知识产权方面的法规规制增多。2014年颁布的《全国人民代表大会常务委员会关于在北京、上海、广州设立知识产权法院的决定》，是对知识产权有关法律问题和重大问题的决定，这项举措推动了国家创新驱动发展战略的实施，加强了对知识产权的司法保护，使得知识产权纠纷有了专门的管辖法院。

2014年《国家知识产权局关于确定北京经济技术开发区等5园区为国家知识产权试点园区的通知》和2019年《国家知识产权局关于同意北京市延庆区等城市（城区）、江苏省泰州市高港区等县（市、区）、江苏省武进国家高新技术产业开发区等园区开展国家知识产权试点示范工作的通知》的推出，标志着北京经济技术开发区设立了国家知识产权试点园区，在知识产权试点园区得到政策倾斜和经费支持，知识产权局认真落实试点园区的建设，确保园区的试点工作取得实际的进展，完善工作体制和保障体制，确保各项工作顺利完成。北京通过建立国家知识产权试点园区，促进知识产权的发展，进而促进开发区经济社会发展，提升北京市的竞争力。

2020年，根据《关于推进国家级经济技术开发区创新提升打造改革开放新高地的意见》（国发〔2019〕11号）以及《关于加快推进北京经济技术开发区和亦庄新城高质量发展的实施意见》（京政发〔2019〕22号）、《关于由北京经济技术开发区管理委员会行使部分行政权力和办理部分公共服务事项的决定》（京政发〔2019〕23号）等文件有关精神，北京经济技术开发区管理委员会印发《北京经济技术开发区关于加快四大主导产业发展的实施意见》，以促进园区四大主导产业的发展，加快推动开发区（亦庄新城）新一代信息技术、高端汽车和新能源智能汽车、生物技术和大健康、机器人和智能制造产业实现高质量发展，着力构筑首都“高精尖”产业主阵地与宜业宜居产业新城。

通过前述对北京经济技术开发区2015年至2019年数据的分析，可知园区规模以上工业总产值于近几年连续呈现出走高趋势，这与这一阶段及前期的法治建设密不可分，体现出开发区法治建设对产业发展的规范引领和保障促动作用，同时开发区的产业发展也对法治建设提出更高的要求。北京经济技术开发区的主导产业在与法治建设的互动中不断成长、壮大。

结合首都的发展，2018年北京经济技术开发区紧紧围绕建设具有全球影响力的科技创新中心和“三城一区”中心工作，全面开展法治政府建设各项工作，为开发区经济社会持续、健康、协调发展提供有力的法治保障。为贯彻党的十九大精神和“四个全面”战略布局，结合开发区和首都法治建设实际情况，京津冀开发区创新发展联盟等单位筹建了北京开发区法治建设研究会，其目标包括：一是研究制约和影响开发区产业发展遇到的突出性问题，为开发区提供政策咨询和法律服务；二是积极开展开发区国内外基本法律制度的研究，不断吸收借鉴成功经验和有益做法，提升法律服务水平；三是开展以人才为本、绿色发展、创新驱动等为重点的专题研究和服务；四是加大对开发区立法研究工作，为构建科学完备的国家开发区的法律制度体系提供意见和建议。

4 相关产业发展与法治建设实践

- 电子信息产业
- 生物医药产业
- 新能源产业
- 装备制造业
- 航空航天产业
- 文化创意产业

2020年10月，党的十九届五中全会通过了《中共中央关于制定国民经济和社会发展第十四个五年规划和二〇三五年远景目标的建议》。该建议将发展新兴产业作为当前加快发展现代化产业体系，推动经济体系优化升级的重大举措之一。发展战略新兴产业就要加快壮大新一代信息技术、生物技术、新能源、新材料、高端装备、新能源汽车、绿色环保以及航空航天、海洋装备等产业。本章将选取六个比较具有代表性的主导产业分析其发展现状，并对配套的相关法规政策进行具体的分析，这六个产业分别为电子信息产业、生物医药产业、新能源产业、装备制造产业、航空航天产业以及文化创意产业。

4.1 电子信息产业

信息技术主要是指信息的获取、传递、处理等，是高技术的先导。电子信息产业包括通信、自动化、微电子、光电子、光导、计算机等诸多方面，其技术发展突飞猛进，产业链条长、涉及面极其广泛，辐射带动几乎所有产业。近几年蓬勃发展起来的人工智能、大数据、云计算、物联网等，也是电子信息产业的进一步发展、延伸和分立。

在党和政府的高度重视下，我国电子信息产业连续多年保持平稳较快增长。电子信息产业正日益成为我国实现制造强国、网络强国的关键力量之一。到20世纪90年代初，我国电子工业发展已经初具规模，可以自主生产20多类电子元件，上千种整机设备和各种各样的元器件。与此同时，我国在很多精密产品制造水平方面也得到了很大的提升。电子信息产业已经形成包括雷达、通信导航、广播电视、电子计算机、电子元器件、电子测量仪器以及电子专用设备等几方面的主导产业。

4.1.1 电子信息产业发展现状分析

改革开放已有四十多年，在此期间我国的电子信息产业经历了飞速的发展，产业结构得到了升级，实力也得到了提升。电子信息产业有着耗能低、收益高以及开发快的特点，同时发展电子信息产业与我国的绿色发展理念也是不谋而合的。因此，我国对于电子信息产业的发展十分重视的，在很多开发区建立了电子信息产业园。同时，电子信息产业的蓬勃发展也极大地推动了我国新型工业化、信息化、城镇化、农业现代化进程。

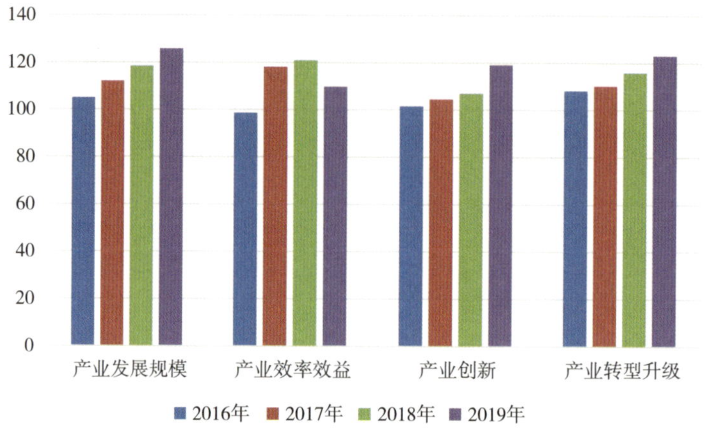

图4.1 电子信息产业综合发展指数分类比较图

资料来源：工业和信息化部。2019年中国电子信息制造业综合发展指数报告［R］.［2020-01-19］电子信息产业网，（2021-02-10）.

根据工业和信息化部发布的《2019年中国电子信息制造业综合发展指数报告》，我国电子信息产业逐年稳步发展。从图4.1的分类指数看，产业规模持续扩大，产业创新和产业转型升级持续向好，说明我国电子信息制造业开始进入高质量发展的关键期，发展的主要推动力逐步从规模红利转向产业创新和转型增值，产业发展进入“通过重研发，从低价值环节向高价值环节实质突破”的新阶段。

从图4.2中可以看出，我国电子信息产业规模不断扩大，利润在波动中提升。2017年利润较高，2018年有所下降，到2019年有所提升。初步核算，2019年我国电子信息产业利润总额为5 013亿元，较2018年增加了232亿元，增长4.85%。

根据工业和信息化部网站的数据，2020年，我国规模以上电子信息制造业增加值同比增长7.7%；规模以上电子信息制造业出口交货值同比增长6.4%，增速比上年加快4.7个百分点。从这些数据也可以看出，我国电子信息产业在2020年依然保持较高速度的增长。

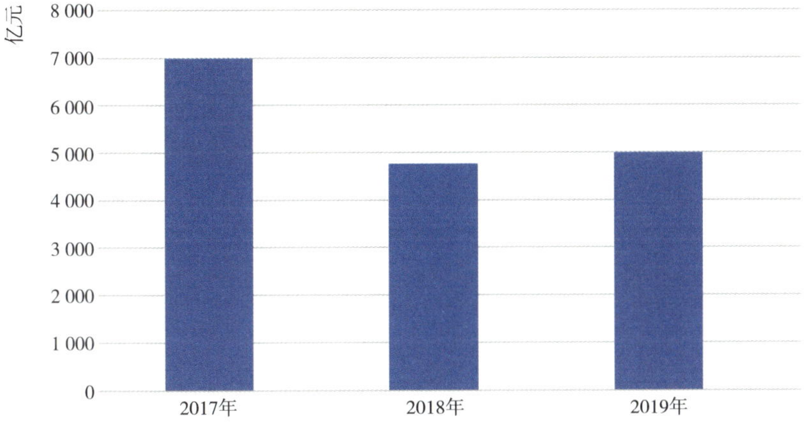

图4.2 2017—2019年我国电子信息产业利润总额统计

4.1.2 电子信息产业相关法规政策分析

我国电子信息产业的发展成就，离不开出台的与电子信息产业相关的法规政策的支持。根据我国电子信息产业的发展特点，分三个阶段讨论电子信息产业法规政策的演变。从图4.3的词云图中可以看出，在1997—2005年，我国出台的相关法规政策比较侧重于信息产业企业的建设，此时电子信息产业处于产业发展初期。在2006—2011年，我国出台的相关法规政策开始关注整个产业发展。而2012年至今我国出台的相关法规政策则主要关注电子信息产业的投资、技术等。

图4.3 1997年至今三个阶段电子信息产业法治建设词云图

资料来源：根据北大法宝数据库（http：//www.pkulaw.cn/）整理。

4.1.2.1 产业发展初期（1997—2005年）的法规政策演进

20世纪90年代，我国的电子信息产业接连启动了以金关、金卡以及金税为代表的一些重大的信息化应用工程。1997年4月18日至21日，在深圳市举行了全国信息化工作会议。会议明确了国家信息化体系的含义、组成要件以及建立国家信息化体系的指导方针、工作原则、奋斗目标和主要任务，通过了“国家信息化九五规划和2000年远景目标”；同时，还明确了我国互联网的建设应属于国家信息基础设施的建设，并在会议上提出要建立我国的互联网信息中心以及互联网交换中心。

1997年5月，国务院颁布了《关于修改〈中华人民共和国计算机信息网络国际联网管理暂行规定〉的决定》，对《中华人民共和国计算机信息网络国际联网管理暂行规定》进行修正。

1998年3月，第九届全国人民代表大会第一次会议批准成立信息产业部，主管全国电子信息产品制造业、通信业和软件业，推进国民经济和社会服务信息化。

2000年10月，《中国共产党第十五届中央委员会第五次全体会议公报》指出：要以信息化带动工业化，发挥后发优势，实现社会生产力的跨越式发展。

在第十个五年计划期间（2001—2005年），国家信息化领导小组对信息化发展重点进行了全面部署，做出了推行电子政务、振兴软件产业、加强信息安全保障、加强信息资源开发利用、加快发展电子商务等一系列重要决策。各地区各部门从实际出发，认真贯彻落实，不断开拓进取，我国信息化建设取得了可喜的进展。

2003年，党的十六大明确提出“坚持以信息化带动工业化，以工业化促进信息化，走出一条科技含量高、经济效益好、资源消耗低、环境污染少、人力资源优势得到充分发挥的新型工业化道路”“优先发展信息产业”战略后，信息产业部颁布了《关于建设国家电子信息产业基地和产业园的意见》。该意见指出，为了促进国内产业持续、健康、快速发展，最终实现我国由世界电子信息产业大国向电子信息产业强国的转变，信息产业部决定组织推进国家电子信息产业基地和产业园建设工作。该意见还对国家电子信息产业基地的概念进行了界定，并对其指导思想、总体目标、近期目标以及认定条件进行了规定。同年，为了加快电子信息产业高技能人才队伍的建设，劳动和社会保障部、信息产业部颁布了《关于实施电子信息产业高技能人才培训项目的通知》。

2005年，为了加强电子信息产业安全生产管理，防止和减少生产安全事故，保障人民群众生命和财产安全，促进电子信息产业持续、健康发展，信息产业部颁布了《电子信息产业安全生产管理规定》。2005年5月，信息产业部颁布《关于同意将北京经济技术开发区等31个城市和地区为首批国家电子信息产业园的决定》，同意北京经济技术开发区等31个城市、经济技术开发区、高新区、保税区为首批国家电子信息产业园。2005年10月，中国共产党第十六届中央委员会第五次全体会议在北京召开。在此次会议中再一次强调，推进国民经济和社会信息化，加快转变经济增长方式。2005年12月，信息产业部在《关于加强电子信息产业行业管理工作的指导意见》中将电子信息产业行业管理的工作重点集中到了“经济调节、市场监管、社会管理和公共服务”上来。

4.1.2.2 产业快速发展期（2006—2011年）的法规政策演进

2006年5月，中共中央办公厅与国务院办公厅联合发布了《2006—2020年国家信息化发展战略》，该发展战略指出信息化与工业化在发展中是相互促进的关系，信息化可以带动工业化的发展，而工业化的发展又可以促进信息化。同时，在信息化的发展过程中要坚持以改革开放和科技创新为指导思想。其将信业化发展的战略目标定为：到2020年，综合信息基础设施基本普及，信息技术自主创新能力显著增强，信息产业结构全面优化，国民信息安全保障水平大幅提高，国民经济和社会信息化取得明显成效，新型工业化发展模式初步确立，国家信息化发展的制度环境和政策体系基本完善，国民信息技术应用能力显著提高，为迈向信息社会奠定坚实基础。

2006年7月，商务部和国土资源部发布《国家级经济技术开发区经济社会发展“十一五”规划纲要》，其中第49条提出要培育和壮大支柱产业，特别强调要培育和壮大以电子信息为重点的支柱产业；第69条提出要推进信息化园区建设，加快以高速宽带网络为重点的信息化基础设施建设，努力创建国家级开发区“经济技术资源网”和“国际园区信息网”。2006年8月，信息产业部发布了《关于支持国家电子信息产业基地和产业园发展政策的通知》，内容包括政策目标、规划指导、自主创新、国际合作、信息化建设、资金投入、人才培养与交流以及行业管理等。

2007年10月，中国共产党第十七次全国代表大会在北京召开。此次大会进一步强调了信息产业和信息化的重要性。2007年11月，有关领导指出发展电子信息产业要深入贯彻党的十七大精神，坚持以科学发展观为指导，大力推进“信息化与工业化融合”，为促进信息产业又好又快发展创造良好的法治保障，为电子信息产业的发展创造良好的法规政策环境。

2009年4月，为应对国际金融危机的影响，落实党中央、国务院保增长、扩内需、调结构的总体要求，确保电子信息产业稳定发展，加快结构调整，推动产业升级，国务院办公厅特制定《电子信息产业调整和振兴规划》，作为电子信息产业综合性应对措施的行动方案。2009年9月，为进一步加强对电子信息产业的技术进步和技术改造的指导，推进关键领域重点项目建设，防止低水平重复建设，国家发展改革委办公厅、工业和信息化部办公厅联合颁布了《关于进一步做好电子信息产业振兴和技术改造项目组织工作的通知》。

2010年5月，为贯彻落实《电子信息产业调整和振兴规划》，国家标准化管理委员会会同国家发展和改革委员会、科技部、工业和信息化部编制了《振兴电子信息产业标准化工作方案》，这一标准的提出使得电子信息产业更加规范化。

2011年3月，国务院颁布了《中华人民共和国国民经济和社会发展第十二个五年规划纲要》。该规划纲要第三篇第九章“改造提升制造业”的第一节“推进重点产业结构调整”中提到，电子信息行业要提高研发水平，增强基础电子自主发展能力，引导向产业链高端延伸。

2011年6月，国家发展和改革委员会、科学技术部、工业和信息化部、商务部和知识产权局联合研究审议的《当前优先发展的高技术产业化重点领域指南（2011年度）》将当时作为优先发展的十大产业之一的信息产业中的15项确立为高技术产业化重点领域。

2011年12月，国务院颁布的《工业转型升级规划（2011—2015年）》将增强电子信息产业核心竞争力作为重点发展目标。该规划指出，要坚持创新引领、融合发展，攻克核心关键技术，夯实产业发展基础，深化技术和产品应用，积极拓展国内需求，引导产业向价值链高端延伸，着力提升产业核心竞争力。

4.1.2.3 产业创新期（2012年至今）的法规政策演进

2012年7月，国务院颁发的《“十二五”国家战略性新兴产业发展规划》

将新一代信息技术产业列为重点发展方向和主要任务之一。

2012年2月，工业和信息化部制定了《电子信息产业“十二五”发展规划》。为落实《工业转型升级规划（2011—2015年）》提出的“增强电子信息产业核心竞争力”总要求，此发展规划将发展目标确定为在“十二五”期间，电子信息产业需要在产业结构优化升级、产业创新发展以及产业绿色、可持续发展这三个方面达到更高的发展水平。

2012年11月，中国共产党第十八次全国代表大会在北京召开。党的十八大报告中明确提出了建设下一代信息基础设施，发展现代信息技术产业体系，健全信息安全保障体系，推进信息网络技术广泛运用。

2016年3月，国务院颁发的《中华人民共和国国民经济和社会发展第十三个五年规划纲要》将支持战略性新兴产业发展作为优化现代产业体系的重大举措之一。该规划纲要指出，要支持新一代信息技术、新能源汽车、生物技术、绿色低碳、高端装备与材料、数字创意等领域的产业发展壮大。

2016年7月，中共中央办公厅、国务院办公厅印发了《国家信息化发展战略纲要》。此战略纲要是根据新形势对《2006—2020年国家信息化发展战略》的调整和发展，更好地将信息化贯穿于我国现代化进程始终，加快释放信息化发展的巨大潜能，以信息化驱动现代化，建设网络强国。该战略纲要指出，发展电子信息产业要坚持走中国特色社会主义发展道路，以建设网络强国为目标，着力增强国家信息化发展能力。

2016年7月，国务院依据《中华人民共和国国民经济和社会发展第十三个五年规划纲要》《国家创新驱动发展战略纲要》《国家中长期科学和技术发展规划纲要（2006—2020年）》编制了《“十三五”国家科技创新规划》，该规划强调了在电子信息产业的发展过程中，要注重科技的创新。

2017年10月，中国共产党第十九次全国代表大会在北京召开，习近平总书记代表第十八届中央委员会向大会作了题为《决胜全面建成小康社会 夺取新时代中国特色社会主义伟大胜利》的报告。在此次报告中，习近平总书记指出，互联网建设管理运用在不断完善，要贯彻新发展理念，建设现代化经济体系就要求推动互联网、大数据、人工智能和实体经济深度融合，为建设网络强国提供有力的支撑。与此同时，习近平总书记提出要加强互联网内容建设，建立网络综合治理体系，营造清朗的网络空间。要注重网络安全，善于运用互联网技术和信息化手段开展工作。

2018年，《工业和信息化部关于加快推进虚拟现实产业发展的指导意见》（以下简称《意见》）颁布实施。《意见》指出，全球虚拟现实产业正从起步培育期向快速发展期迈进，我国面临同步参与国际技术产业创新的难得机遇，但也存在关键技术和高端产品供给不足、内容与服务较为匮乏、创新支撑体系不健全、应用生态不完善等问题。《意见》提出，到2020年，我国虚拟现实产业链条基本健全，在经济社会重要行业领域的应用得到深化，建设若干个产业技术创新中心，核心关键技术创新取得显著突破，打造一批可复制、可推广、成效显著的典型示范应用和行业应用解决方案，创建一批特色突出的虚拟现实产业创新基地，初步形成技术、产品、服务、应用协同推进的发展格局。到2025年，我国虚拟现实产业整体实力进入全球前列，掌握虚拟现实关键核心专利和标准，形成若干具有较强国际竞争力的虚拟现实骨干企业，创新能力显著增强，应用服务供给水平大幅提升，产业综合发展实力实现跃升，虚拟现实应用能力显著提升，推动经济社会各领域发展质量和效益显著提高。近几年，我国虚拟现实产业的发展较快，由此政策也可以预见，未来此产业将大有可为。

2019年5月，国务院颁布了《关于推进国家级经济技术开发区创新提升打造改革开放新高地的意见》。该意见提出将发展数字经济作为开发区创新发展的重点，大力支持各种资本在符合国家政策条件的经济技术开发区对各类的信息技术基础设施进行投资，省级人民政府可以对这一类的投资大力支持，并将这一类的投资纳入当地数字经济发展规划之中。除此之外，该意见还规定省级政府要支持企业在国家级经济技术开发区范围内进行数字产业创新中心、智能工厂以及智能车间的创建工作等。

2020年8月，为进一步优化集成电路产业和软件产业发展环境，深化产业国际合作，提升产业创新能力和发展质量，国务院印发《新时期促进集成电路产业和软件产业高质量发展的若干政策》，制定出台财税、投融资、研究开发、进出口、人才、知识产权、市场应用、国际合作八个方面的政策措施。该政策的实施，有助于进一步创新体制机制，鼓励集成电路产业和软件产业发展，有力促进集成电路领域和软件领域企业快速发展。

2020年10月，中国共产党第十九届中央委员会第五次全体会议通过了《中共中央关于制定国民经济和社会发展第十四个五年规划和二〇三五年远景目标的建议》。该建议将发展新兴产业作为当前加快发展现代化产业体系以及推动经济体系优化升级的重大举措之一。发展战略性新兴产业就要加快壮大新一代信息技术、生物技术、新能源、新材料、高端装备、新能源汽车、绿色环保以及航空航天、海洋装备等产业。

除了中央和国家层面的政策，各地方也出台了很多支持电子信息产业发展的政策。例如，2020年9月，北京市发布《北京市促进数字经济创新发展行动纲要（2020—2022年）》。该纲要提出要体系化构建数字经济发展体制机制，围绕基础设施建设、数字产业化、产业数字化、数字化治理、数据价值化和数字贸易发展等任务开展工作。发挥北京市科创中心优势，继续做大做强软件和信息服务业、电子信息制造业等数字产业，培育壮大和引进落地一批行业龙头企业。

通过上述对电子信息产业发展以及相关法规政策的分析，可以看出，2016—2019年是电子信息产业的完善创新期，此时电子信息产业已经比较完善。在此阶段，我国制定的与电子信息产业相关的法规政策主要侧重于科技的创新以及产业的升级。因此，在图4.1中，产业发展规模指数、产业创新指数、产业转型升级指数每年都在稳步增长。这说明电子信息产业在相关法规政策的引导下正朝着强创新、高效率、促转型的高质量发展方向转变。正是由于相关的法规政策将发展新兴产业作为当前加快发展现代化产业体系、推动经济体系优化升级的重大举措之一，并且对于电子信息产业发展在金融、资金投入、人才引进等方面配套制定了若干的相关保障措施，我国电子信息产业综合发展指数才一直处于稳步上升的状态。

4.2 生物医药产业

生物工程技术是21世纪高技术的核心，包括基因工程、细胞工程、酶工程、发酵工程等方面。生物工程技术不仅直接影响到健康、医药、卫生、农业等产业的发展，对环境保护、能源技术，甚至未来的信息技术和智能制造等也有着极强的渗透和影响作用。生物医药产业是生物技术相关产业与医药的生产研发等产业的总称，由生物技术产业与医药产业共同组成。

我国十分重视生物工程与新医药产业的法治建设，持续出台和不断完善法律、法规，同时不断推进开发区生物医药产业发展，陆续在开发区设立国家生物产业基地、国家新药创新孵化基地等。

国外许多国家也极为重视生物产业的立法和法治环境建设。例如，德国政府对《基因技术法》就进行了多次修订；日本通过实施《废弃物处理法》《容器与包装材料循环利用法》《资源有效利用促进法》《绿色采购法》等一系列法律法规政策鼓励生物技术的应用。

4.2.1 生物医药产业发展现状分析

近年来，随着生物医学领域技术和产业的飞速发展，生物医学在全球范围内的发展浪潮已经基本形成。生物医学的发展是衡量一国技术和经济综合实力的一项重要指标。2010年10月10日出台的《国务院关于加快培育和发展战略性新兴产业的决定》将生物医药产业纳入国家战略性新兴产业。除此之外，生物医药产业也曾被确立为国家在“十二五”期间重点发展的领域之一。因此，各级政府为了促进生物医药产业的蓬勃发展，出台了一系列的政策指导，引领生物医药产业集群化的发展。我国的生物医药产业崛起的时间晚于一些国家，但我国生物医药产业在崛起后，一直处于稳步提升的发展状态，产业规模逐渐扩大，发展环境不断改善，集聚效应越来越明显，产业的发展优势日益彰显。但是，由于我国生物医药行业起步晚，该行业还存在着不少的问题。相较于其他的发达国家，我国生物医药的发展还存在一定的差距，主要体现在行业规模小、创新能力较低、本土品牌影响力不大且数量较少等方面。为了解决这些问题，我国出台了一系列的政策鼓励和支持生物医药产业的发展。在国家政策的有力支持下，我国的生物医药产业园区的数量在近些年呈现了爆发式的增长态势。

随着我国社会经济的稳定发展，人们开始越来越重视自身的健康问题，对医疗服务的需求得到进一步的释放，因此对医学技术创新提出更高的要求。生物医药产业是医学创新成果的体现。目前，生物医药产业作为一项以医药和医疗器械为主的新兴产业已经逐渐进入人们的视线，成为国内最前沿的新兴技术产业，国家对于该产业的发展也越来越重视[①]。

从图4.4中可以看出，我国生物医药产业市场规模逐年扩大。2016年到

---

① 中国生物医药产业分布情况［EB/OL］.http：//www.thecipc.org.cn/cipc/service/detail？type=article&id=20201103154759612579.

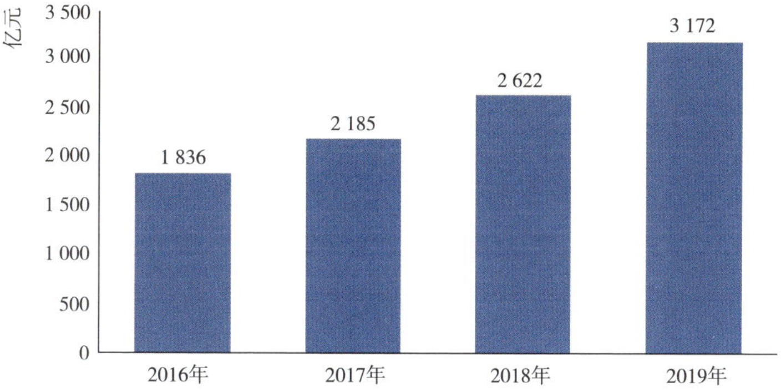

图4.4　2016—2019年我国生物医药产业市场规模比较

资料来源：2020生物医药行业现状及发展前景分析［EB/OL］.https：//www.chinairn.com/hyzx/20200812/102804623.shtml.

2019年，我国生物医药市场总体规模从1 836亿元增加到3 172亿元，年均增长20%。但是，我国生物医药产业仍处于发展初期，未来具有较强的增长潜力。随着居民消费能力的增强、生物医药产业覆盖面的扩大、国家政策的支持，以及生物医药产业研发资金投入的增加，预计我国生物医药产业的市场规模将会持续扩大。在技术进步、产业结构调整和消费支付能力增加的驱动下，若按照20%的年均增长率，预计到2025年，我国生物医药产业市场总体规模将达到9 472亿元（本书预测值）。

截至2019年年底，在全国387家国家级产业园区中，有193家将生物医药产业作为重点发展方向，占比为49.87%。从图4.5中可以看出，虽然生物医药产业不同细分领域在不同区域形成集聚，但基本上都集聚于一线城市。长三角地区产业园区占比最高，约为33%。长三角地区以上海、江苏、浙江为主要分布省市，其中上海市集聚了世界著名生物医药企业，研发、人才、融资条件优越，是中国生物医药研发和成果转化的中心城市。江苏省是生物医药产业发展最活跃的省份，省内已经形成了苏州、南京、连云港等一批生物医药研发制造基地。浙江省是生物技术制药、生物医药工程等高端研发及生产基地，已经形成了500亿元的生物医药产业集群。环渤海地区产业园区占比约为20%。环渤海区域代表省市有北京、天津、山东、河北，其中北京市的技术人才、科研院所等优势突出，拥有丰富的临床资源、新药安全评价、中试与质量控制等技术平台。天津市聚集大量从事生产和研发的相关生物医药企业，中药现代化产业处于全国领先水平。山东省是中国生物制药大省，具有国内领先的新药研发和产业化能力。河北省是生物医药制造基地，集聚了一大批在国内极具竞争力的生物医药制药公司。以科技部认证的高新企业和上市公司作为行业头部企业，集聚头部企业数量排名前三的城市为北京市、上海市和深圳市，均是一线城市。其中，北京市的287家生物医药企业中，有180家企业符合“头部企业”的标准，占比达62.7%。

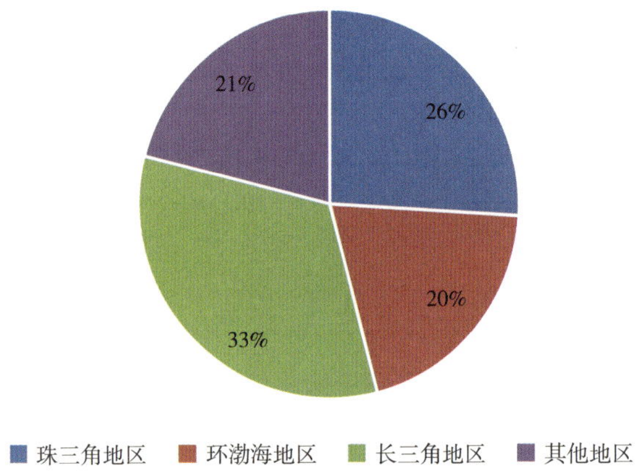

图4.5　国家级生物医药类产业园区分布情况

资料来源：中国生物医药产业园区市场规模及竞争格局分析［EB/OL］.https：//www.sohu.com/a/411706033_682259.

4.2.2　生物医药产业相关法规政策分析

我国生物医药产业能有如此良好的发展成果，离不开相关法规政策的支持。本节对2006年至今与生物医药产业相关的法规政策进行了整理，并以此为样本绘制了词云图（见图4.6），从而寻找生物医药产业的发展与相关法规政策的关系。从图4.6中可以看出，从2006年到2010年，相关法规政策的规范重点在于产业的规划；2011年到2015年，相关法规政策的规范重点在于将生物医药作为战略性的新兴产业进行发展，国家对于生物医药产业更加重视；2016年至今，相关法规政策的规范重点在于创新生物医药产业的技术。在我国出台的相关法规政策的支持下，生物医药产业市场规模不断扩大。得益于2016年至今产业发展的重点在于技术的开发，我国规模以上生物医药企业主营业收入呈波动增长。接下来本节将对生物医药产业的相关法规政策进行详细的论述。

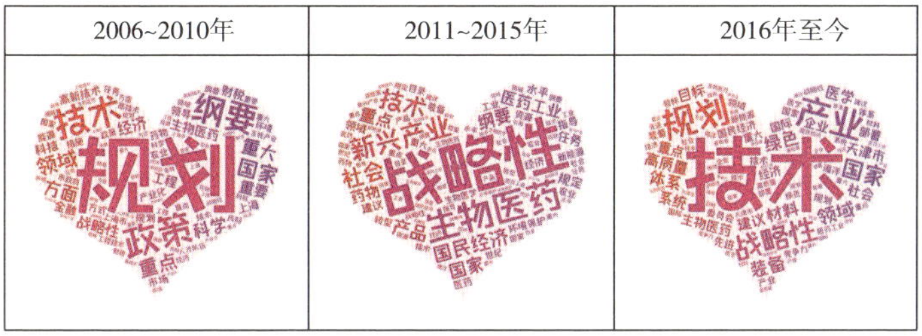

图4.6 2006年至今三个阶段生物医药产业法治建设词云图

资料来源：利用北大法宝数据库（www.pkulaw.cn）加工整理。

4.2.2.1 产业发展初期（2006—2010年）的政策演进

2006年2月，国务院颁布了《国家中长期科学和技术发展规划纲要（2006—2020年）》。该规划纲要将生物技术中的靶标发现技术、动植物品种与药物分子设计技术、基因操作和蛋白质工程技术、基于干细胞的人体组织工程技术以及新一代工业生物技术列为前沿技术。该规划纲要对于中长期的科学与技术发展提出了若干的重要政策和措施，涉及财税、金融、创新等多个方面，并特别将科技投入与科技基础条件平台和人才队伍建设单独列为两章，足见这两个方面对于中长期科学和技术发展的重要性。与此同时，此规划纲要也为生物医药产业的发展指明了方向。

2006年7月，商务部与国土资源部印发的《国家级经济技术开发区经济社会发展“十一五”规划纲要》将培育生物产业作为加快发展高技术产业的重要举措之一。该规划纲要指出，应该充分发挥我国独有的生物资源以及技术方面的优势，着力发展生物医学、生物农业、生物能源以及生物制造技术领域，以适应我国在农业、健康等领域的重大需求。有重点地发展生物医药领域，努力追求生物产业的关键技术以及重要产品研发上取得新的进步。与此同时，生物资源安全的保护也不容忽视，因此，生物医学市场准入制度的建立就显得尤为重要。

2007年4月，为进一步推动生物医药产业发展，促进产业化工作，根据《中华人民共和国国民经济和社会发展第十一个五年规划纲要》和《国家中长期科学和技术发展规划纲要（2006—2020年）》的有关要求，国家发改委编制了《生物产业发展“十一五”规划》。该规划指出，生物产业将成为继信息产业之后世界经济中又一新的主导产业，并将生物医药确定为我国生物产业发展的主要任务和重点。根据防治重大疾病和传染病的需要，重点发展新型疫苗、诊断试剂、创新药物和新型医疗器械。同时，该规划强调，我国生物医药产业尚处于全面发展的初期，实现本规划的目标和任务，需要采取有力的政策措施，营造良好的体制机制、人才培养、政策和市场环境，为此，该规划从组织领导、技术创新、人才队伍建设、资金投入以及税收政策等方面提出了保障措施，以促进相关产业发展。

2009年6月，为了加快把生物医药产业培育成为高技术领域的支柱产业和国家的战略性新兴产业，国务院办公厅发布了《促进生物产业加快发展的若干政策》。该政策将生物医药领域确定为现代生物产业发展的重点领域。通过发展与壮大生物企业、大力促进自主创新、培养高素质人才队伍、加大财税政策支持力度、积极拓宽融资渠道、创造良好市场环境、加强组织领导以及强化生物遗传资源和生物安全监管方面的相关政策，为生物医药产业的发展提供大力支持。

2010年10月，国务院下发了《关于加快培育和发展战略性新兴产业的决定》。该决定将发展战略性新兴产业的培育工作作为当前推进产业结构升级和加快经济发展方式转变的重大举措，其中生物医药行业被列为发展战略性新兴产业的重点领域之一。国家通过实施重大产业创新发展工程、重大应用示范工程、加大财税金融政策的方式推动战略性新兴产业的快速发展，为医药工业实现产业升级提供强有力的支持。

各省市也制定了相应的法规政策，如上海市为贯彻落实国务院办公厅印发的《促进生物产业加快发展的若干政策》，发布了一系列的相关法规政策。2009年，印发了《关于进一步推进科技创新加快高新技术产业化的若干意见》《上海市生物医药产业发展行动计划（2009—2012年）》，上海市发展改革委和市科委联合制订了《关于促进上海生物医药产业发展的若干政策规定》，上海市人民政府印发了《关于加快推进上海高新技术产业化的实施意见》。这些政策的颁布实施加快了把生物医药产业培育成为上海高新技术产业领域支柱产业的脚步。

4.2.2.2 产业升级期（2011—2015年）的政策演进

2011年3月，根据《中共中央关于制定国民经济和社会发展第十二个五年规划的建议》编制的《中华人民共和国国民经济和社会发展第十二个五年规划纲要》提出，要大力发展节能环保、新一代信息技术、生物、高端装备制造、新能源、新材料、新能源汽车等战略性新兴产业，其中生物产业重点发展生物医药、生物医学工程产品、生物农业、生物制造。

2011年11月，为贯彻落实《国家中长期科学和技术发展规划纲要（2006—2020年）》和《国务院关于加快培育和发展战略性新兴产业的决定》的部署，配合《中华人民共和国国民经济和社会发展第十二个五年规划纲要》的实施，全面推进我国生物科技与产业的快速发展，促进经济发展方式转变、培育战略性新兴产业，科学技术部制定了《“十二五”生物技术发展规划》。该规划指出，生物技术是21世纪科技发展的制高点，同时也将成为21世纪经济发展新的增长点。生物医药产业的快速崛起将是推动生物产业成为国民经济支柱产业之一的重要助力。

2012年1月，为贯彻落实《中华人民共和国国民经济和社会发展第十二个五年规划纲要》《国务院关于加快培育和发展战略性新兴产业的决定》《工业转型升级规划（2011—2015年）》，工业和信息化部制定了《医药工业“十二五”发展规划》，以加快医药工业结构调整和转型升级，培育发展生物医药产业，促进医药工业由大变强。该规划将大力发展生物医药作为其指导思想，将提升生物医药产业水平作为其主要任务之一，将生物医药技术作为医药工业发展的重点领域之一。

2012年7月，国务院印发了《“十二五”国家战略性新兴产业发展规划》。该规划将生物医药产业作为战略性新兴产业的重点发展方向和主要任务之一，对生物医药产业的发展方向做出了调整，认为生物医药的重点发展领域应分布在人民健康、农业发展以及资源环境保护等方面，一方面要加强对生物资源的利用、转基因技术、生物合成技术、抗体工程技术和生物反应器技术等共性关键技术以及工艺装备的研发；另一方面则要增强对生物安全研究的管理，建设国家基因资源信息库。这一举措将大大地提升生物医药研发效率，开发医药新产品的能力也会大幅提升。该规划还强调，要大力支持生物育种的发展，使生物制造呈现规模化的发展，快速建立我国具有国际上先进水平的现代生物产业体系。

2013年2月，国家发展改革委发布了修订的《产业结构调整指导目录（2011年本）》。该指导目录将医药生产分为现代生物技术药物、重大传染病防治疫苗和药物、新型诊断试剂的开发和生产、大规模细胞培养和纯化技术、大规模药用多肽和核酸合成、发酵、纯化技术开发和应用，采用现代生物技术改造传统生产工艺。

2014年4月修订的《中华人民共和国环境保护法》对医药工业绿色发展提出更高的要求。2015年5月，国务院发布的《中国制造2025》将生物医药及高性能医疗器械作为重点发展领域。2015年10月，中共中央十八届五中全会通过的《中共中央关于制定国民经济和社会发展第十三个五年规划的建议》指出，要支持战略新兴产业发展，发挥产业政策导向和促进竞争功能，更好发挥国家产业投资引导基金的作用，培育一批战略新兴产业。

4.2.2.3 产业规划期（2016年至今）的政策演进

2016年3月，《中华人民共和国国民经济和社会发展第十三个五年（2016—2020年）规划纲要》将培育发展战略性产业作为支持战略新兴产业发展的重大举措之一，培育发展战略新兴产业就要加强前瞻布局，在空天海洋、信息网络、生命科学、核技术等领域，培育一批战略性产业。大力发展新型飞行器及航行器、新一代作业平台和空天一体化观测系统，着力构建量子通信和泛在安全物联网，加快发展合成生物和再生医学技术，加速开发新一代核电装备和小型核动力系统、民用核分析与成像，打造未来发展新优势。

2016年7月，国务院印发了《“十三五”国家科技创新规划》，将发展先进高效生物技术作为构建具有国际竞争力的现代产业技术体系的重要举措之一，规定要以世界科技前沿为目标，及时抓住生物技术和各个领域相互融合发展的机会，坚持超前部署和创新引领，发挥生物技术创新的带动作用，在生命健康、生物制造以及生物能源等领域谋求新的发展，完成我国由生物技术大国到生物技术强国的快速转变。重点部署前沿共性生物技术、新型生物医药、绿色生物制造技术、先进生物医用材料、生物资源利用、生物安全保障、生命科学仪器设备研发等任务，加快合成生物技术、生物大数据、再生医学、3D生物打印等引领性技术的创新突破和应用发展，提高生物技术原创水平，力争在若干领域取得集成性突破，推动技术转化应用并服务于国家经济社会发展，大幅提高生物经济国际竞争力。

2016年10月，工业和信息化部、国家发展和改革委员会、科学技术部、商务部、国家卫生和计划生育委员会以及国家食品药品监督管理总局联合制定了《医药工业发展规划指南》。该规划指南将生物药作为医药工业发展的重点领域，同时从行业规模、技术创新、产品质量、绿色发展等几个方面制定了发展目标。

近几年，各地方支持医药产业发展，一些城市出台了相应的医药产业发展促进政策，具体见表4.1。

表4.1 部分城市医药产业相关政策一览表

序号	发布时间	发布城市	文件名称
1	2018年11月	西安市	西安国家自主创新示范区支持生物医药产业发展若干政策
2	2018年12月	深圳市	关于促进深圳市药品和医疗器械产业发展的若干措施（征求意见稿）
3	2018年12月	珠海市	金湾区鼓励生物医药产业发展的实施办法（试行）
4	2019年4月	苏州市	关于加快推进苏州市生物医药产业高质量发展的若干措施
5	2019年5月	石家庄市	石家庄高新区进一步支持生物医药产业发展的若干政策
6	2019年6月	成都市	促进成都生物医药产业高质量发展若干政策
7	2019年6月	天津市	关于进一步支持我市生物医药产业高质量发展的若干意见
8	2019年7月	南京市	南京江北新区自贸区生物医药产业发展促进政策
9	2020年2月	青岛市	关于支持生物医药产业高质量发展若干政策措施的通知

4.3 新能源产业

新能源是相对于传统能源而言的，比传统能源具有更高效能或更优异性能。新能源技术是高技术的支柱，包括太阳能、风能、水能、地热能、海洋能、核能、氢能以及传统能源的高效利用等。无论从经济发展还是环境保护角度看，世界各国都非常重视新能源的开发利用。以氢能为例，氢能的使用不仅是零碳排放，而且燃烧热值高于除核燃料以外的各种燃料，同时分布广泛，宇宙质量的75%都是氢。氢能被誉为未来能源、终极能源。新能源产业是开发新能源的单位和企业所从事的工作的一系列过程。新能源产业主要源于新能源的开发和应用。

4.3.1 新能源产业发展现状分析

新能源产业能够得到快速的发展，与世界各国越来越重视环境保护、倡导节能减排有着密切的关系。风电、光伏被公认为最清洁的能源，各个国家都陆续出台了一系列鼓励新能源发展的政策，这些政策的出台大大促进了风电、光伏等新型能源技术的发展。同时，由于科学技术的不断发展和进步，新能源发电的成本大幅降低，这在某种程度上也大大助力了新能源产业的崛起①。

随着国家对于新能源产业发展的支持，我国新能源产业快速发展。图4.7显示，2010年我国从事新能源产业的企业仅有7 806家，而到2018年，相关企业上升到19 887家。在此期间，企业数量增加了1.5倍，年均增长率为12.4%，明显高于同期经济发展的平均水平。从这八年的企业数量年度增速看，每年持续增长，但增速呈波动变化趋势，2013年以前发展较快，增速较快，2012年和2015年各有一波增速高点。

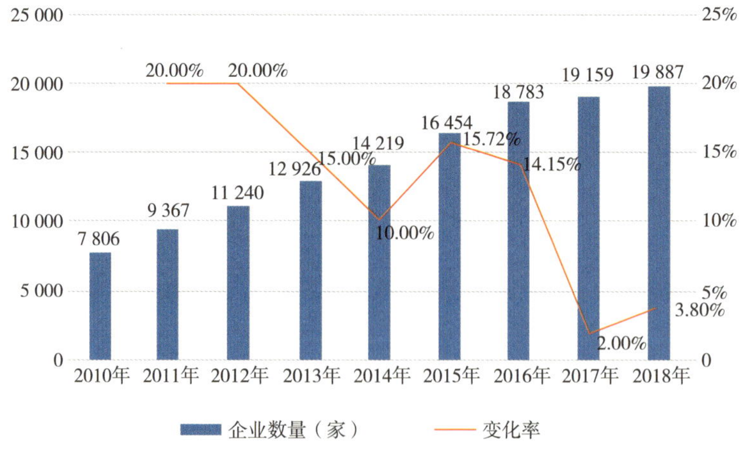

图4.7 我国新能源企业数量变化趋势

资料来源：2020新能源行业发展趋势前景与现状分析［EB/OL］.https：//www.chinairn.com/hyzx/20200803/120424248.shtml.

① 2018年中国新能源发电行业现状及未来发展趋势分析［EB/OL］.http：//chinaidr.com/tradenews/2018-06/120470.html.

随着新能源产业的快速发展，其市场规模也逐年扩大。从图4.8可以看出，2008年我国新能源产业市场规模仅为1 622.92亿元，2018年市场规模达到8 822.54亿元，增长4.43倍，年均增长率为18.4%。特别是2010年之前，产业市场规模迅速扩大，随后有所下降，到2012年增速下滑到最低，此后持续平稳增长。

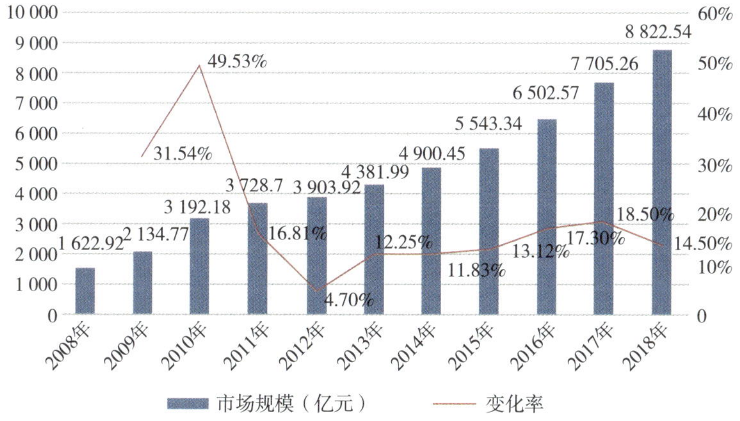

图4.8 我国新能源产业市场规模变化趋势

资料来源：2020新能源行业发展趋势前景与现状分析［EB/OL］.https：//www.chinairn.com/hyzx/20200803/120424248.shtml.

从最新的数据看，我国能源行业增优减劣，发展较为迅速。截至2019年，风、光、核等非化石能源装机容量已达7.99亿千瓦。清洁能源消纳利用水平得到了稳定的提升，发展态势一路向好。2019年5月，国家能源局印发《关于2019年风电、光伏发电项目建设有关事项的通知》，正式启动了2019年光伏发电国家补贴竞价项目申报工作。同年7月，随着2019年光伏发电项目国家补贴竞价结果的正式公布，竞争性配置项目的方式进入实质性落地实施阶段。新能源产业茁壮成长，正跨越重大关口，进入新的时期。此政策对相关发电项目有较大促进，当时预计2019年水电、风电、光伏发电全国平均利用率将分别达到97%、96%和98%，核电机组利用保持在7 200小时以上①。

在新能源不断发展的同时，我国的能源生产地区和电力消费中心存在

① 国家能源局：全国能源工作2019年终综述［EB/OL］.http：//guangfu.bjx.com.cn/news/20191224/1030963.shtml.

不匹配的问题。风电资源主要集中在东北、西北、内蒙古等地区，煤电资源主要在黑龙江、山西、内蒙古和甘肃西北等地。水电资源主要集中在西南地区、川渝云贵以及两湖两广地区。但是，电力的消费中心却在沿海地区。这对我国能源的高效利用提出了挑战①。

4.3.2 新能源产业相关法规政策分析

随着技术的进步和可持续发展理念的确立，新能源的发展越来越受到国家的重视。国家出台了一系列与之配套的法规政策，以保障、促进新能源产业在我国的发展。本节对1999年至今与新能源产业相关的法规政策进行分析整理，并绘制词云图（见图4.9）。通过词云图我们可以发现，1999年至2006年，相关法规政策的关注点在于新能源中的再生能源；2007年至2011年，相关法规政策的规范重点在于新能源的产业整体规划和企业的发展；2012年至今，相关法规政策的关注点主要是新能源项目的建设及企业的投资发展，其中光伏发电和电池技术受到政策关注。

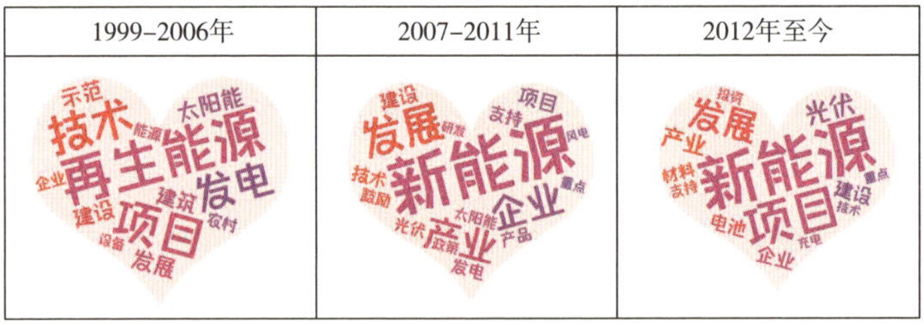

图4.9 1999年至今三个阶段新能源产业法治建设词云图

资料来源：利用北大法宝数据库（www.pkulaw.cn）加工整理。

4.3.2.1 发展初期（1999—2006年）的政策演进

1999年1月，为了进一步支持可再生能源发展，加速可再生能源发电设备国产化进程，国家计委和科技部联合发布《关于进一步支持可再生能源发展有关问题的通知》。该通知指出，可再生能源主要包括风力发电、太阳能光伏发电、生物质能发电、地热发电、海洋能发电等。国家计委和科技部在安

① 中国新能源产业发展现状和发展趋势分析［EB/OL］. https：//wenku.baidu.com/view/1eef394ca200a6c30c22590102020740be1ecd86.html；世界新能源开发利用现状及发展趋势［EB/OL］.https：//wenku.baidu.com/view/b0cee90602020740be1e9bf1.html.

排财政性资金建设项目和国家科技攻关项目时，将积极支持可再生能源发电项目。

1999年11月，为了促进我国风力发电事业快速、健康发展，加快风力发电设备国产化进程，规范风力发电建设与管理，国家经贸委研究提出了《关于进一步促进风力发电发展的若干意见》。该意见指出，发展新能源是我国能源建设实施可持续发展战略的需要，对促进电力工业结构调整、减少环境污染、推进技术进步、培育新的经济增长点具有重要意义。风力发电是新能源发电中技术最成熟、最具规模化开发条件和商业化发展前景的发电技术之一。

2005年2月，第十届全国人民代表大会常务委员会第十四次会议通过了《中华人民共和国可再生能源法》。制定该法的目的主要是鼓励对可再生能源的开发和使用，增加可再生能源的供应量，改善传统的能源结构，保障能源使用安全，保护生活环境，实现我国能源的可持续发展，进而更好地促进社会经济的发展。至此，确立了可再生能源在能源发展中的优先地位。

2005年11月，为了促进我国可再生能源产业的发展，根据《中华人民共和国可再生能源法》的要求，国家发展和改革委员会编制了《可再生能源产业发展指导目录》。该目录对我国可再生能源产业进行了六大分类，主要包括：风能、水能、生物质能、地热能、太阳能和海洋能。通过对这六大类能源在开发利用和项目研发等方面的规制，对可再生能源产业的发展进行指导。其中一部分产业已经发展得相当成熟，并且商业化也已经基本完成；而有些产业的发展还不太成熟，还处于项目规划以及技术研发阶段。但从整体上来说，这个发展方向是完全符合可持续发展理念的，发展前景是非常广阔的，同时在其他领域也具有一定的应用价值。

2006年1月，为了贯彻落实《中华人民共和国可再生能源法》，国家发展改革委特制定《可再生能源发电有关管理规定》，用以规范可再生能源发电项目管理，促进我国可再生能源发电产业的更快发展。

2006年3月，第十届全国人民代表大会第四次会议审议通过了《中华人民共和国国民经济和社会发展第十一个五年规划纲要》。该规划纲要明确提出：“实行优惠的财税、投资政策和强制性市场份额政策，鼓励生产与消费可再生能源，提高在一次能源消费中的比重。”

2006年11月，为了贯彻落实《可再生能源法》，实现风电自主化建设和风能资源的有序开发利用，支持风能资源评价、规划编制和风电产业体系建设工作，国家发展和改革委员会和财政部研究制定了《促进风电产业发展实施意见》。

2006年12月，国家发展和改革委员会、财政部联合发布了《关于加强生物燃料乙醇项目建设管理，促进产业健康发展的通知》。该通知指出，发展生物燃料乙醇作为国家的一项战略性举措，政策性强、难度大，与市场发育关系紧密，涉及原料供应、乙醇生产、乙醇与组分油的混配、储运和流通及相关配套政策、标准、法规的制定等各个方面，业务跨多个部门，是一项复杂的系统工程。

4.3.2.2 产业调整期（2007—2011年）的政策演进

2007年1月，国务院正式批准了国家发展和改革委员会上报的《国家核电发展专题规划（2005—2020年）》，标志着我国核电发展进入了新的阶段。2007年7月，为积极贯彻落实党中央、国务院有关发展农业生物质能和节能减排的一系列指示精神和要求，依据《可再生能源法》，结合农业和农村经济发展实际，农业部组织编制了《农业生物质能产业发展规划（2007—2015年）》。

2007年8月，国家发展和改革委员会为了更好地贯彻和落实《可再生能源法》的要求，在对我国近年来可再生能源资源发展的经验进行总结的前提下，又吸收了国外可再生能源发展的优秀经验，在此基础上，制定了《可再生能源中长期发展规划》。该规划提出了我国可再生能源自此到2020年期间的发展目标、主要任务、发展方向以及指导思想等。

2007年10月28日，第十届全国人民代表大会常务委员会第三十次会议通过了修订的《中华人民共和国节约能源法》，该法第七条规定：国家鼓励、支持开发和利用新能源、可再生能源。

2008年3月，为了更好地开展《可再生能源法》的贯彻落实工作，加快可再生能源的发展脚步，促进资源节约以及环境保护，积极应对全球气候的变化，根据《可再生能源中长期发展规划》的总体要求并结合可再生能源在我国的最新发展情况，国家发改委对“十一五”时期提出的部分可再生能源的发展目标及发展重点做出了适当的调整，组织并制定了《可再生能源发展“十一五”规划》。该规划明确了“十一五”时期可再生能源发展的形势任务、发展方向、整体规划以及可再生能源的重点发展领域和保障措施。此规划不仅是为了落实《可再生能源法》所采取的重要举措，也是实现“十一五”规划纲要发展目标的重要保障，更是指导我国“十一五”期间开展可再生能源开发利用工作以及指引可再生能源产业发展的重要依据。

2008年8月，国家发展和改革委员会发布了《关于贯彻实施中华人民共和国节约能源法的通知》。该通知指出，在交通运输领域，要推动实施交通节能规划，建设节能型综合运输体系，引导道路、水路、航空运输企业提高运输组织化程度和集约化水平，严格执行老旧交通运输工具的报废、更新制度，积极推广清洁燃料、石油替代燃料、节能与新能源汽车，制定实施交通运输营运车船的燃料消耗量限值标准，加强对运营车船燃料消耗检测的监督管理等。

2009年6月，根据《汽车产业发展政策》等有关规定，工业和信息化部制定了《新能源汽车生产企业及产品准入管理规则》。

2009年12月，第十一届全国人民代表大会常务委员会第十二次会议通过了《关于修改〈中华人民共和国可再生能源法〉的决定》。由于社会的发展，原《可再生能源法》的相关规定已经比较滞后，因此对其进行了调整，但是国家依然将可再生能源的开发利用列为能源发展的优先领域。

除此之外，部分省市也制定了一系列与新能源产业发展有关的政策。例如，2009年9月，北京市政府发布了《北京市振兴发展新能源产业实施方案》。2009年12月，为了优化上海新能源产业的创新和发展环境，增强上海新能源产业的创新能力和产业竞争力，推动新能源产业成为上海市的支柱性产业之一，进而带动其他重点领域的经济发展，上海市发改委、市经济信息化委制订了《关于促进上海新能源产业发展的若干规定》。

4.3.2.3 产业完善期（2012年至今）的政策演进

2012年5月，为落实可再生能源发展“十二五”规划，提高城市清洁能源比例，促进资源节约型和环境友好型社会建设，国家能源局发布了《关于申报新能源示范城市和产业园区的通知》。2012年7月，《“十二五”国家战略性新兴产业发展规划》实施，该规划将新能源产业作为国家战略性新兴产业的重点发展方向和主要任务。同时，为落实国务院关于发展战略新兴产业和加强节能减排工作的决策部署，加快培育和发展节能与新能源汽车产业，我国又发布了《节能与新能源汽车产业发展规划（2012—2020年）》。该规划对新能源汽车做了明确的界定，把培育和发展节能与新能源汽车产业作为加快转变经济发展方式的一项重要任务，立足国情，依托产业基础，按照市场主导、创新驱动、重点突破、协调发展的要求，发挥企业主体作用，加大政策扶持力度，营造良好发展环境，提高节能与新能源汽车创新能力和产业化水平，推动汽车产业优化升级，增强汽车工业的整体竞争能力。

2016年3月，为贯彻落实《国务院关于积极发挥新消费引领作用 加快培育形成新供给新动力的指导意见》（国发〔2015〕66号），创新金融支持和服务方式，促进大力发展消费金融，更好地满足新消费重点领域的金融需求，发挥新消费引领作用，加快培育形成经济发展新供给新动力，经国务院同意，中国人民银行、银监会发布了《关于加大对新消费领域金融支持的指导意见》。该指导意见指出，经银监会批准经营个人汽车贷款业务的金融机构办理新能源汽车和二手车贷款的首付款比例，可分别在15%和30%最低要求的基础上，根据自愿、审慎和风险可控原则自主决定，这个政策有力促进了新能源汽车的消费。同时，鼓励有关金融机构大力开展能效贷款和排污权、碳排放权抵质押贷款等绿色信贷业务。

2017年，为落实国务院调整经济结构的政策，释放多元化消费潜力，推动绿色环保产业经济发展，提升汽车消费信贷市场供给质效，根据《关于加大对新消费领域金融支持的指导意见》，中国人民银行、中国银行业监督管理委员会发布了《关于汽车贷款有关政策的通知》。该通知指出，自用传统动力汽车贷款最高发放比例为80%，商用传统动力汽车贷款最高发放比例为70%；自用新能源汽车贷款最高发放比例为85%，商用新能源汽车贷款最高发放比例为75%；二手车贷款最高发放比例为70%。这个政策对于新能源汽车的销售有很大促进作用。

2020年4月，财政部、工业和信息化部、科技部、发改委联合发布了《关于完善新能源汽车推广应用财政补贴政策的通知》。通知指出：为了营造更稳定的政策环境，2021年要求现行的购置补贴技术指标体系框架及门槛保持不变，2021年新能源汽车补贴标准在2020年的基础上退坡20%；为推动公共交通等领域车辆电动化，城市公交、道路客运、出租（含网约车）、环卫、城市物流配送、邮政快递、民航机场以及党政机关公务领域符合要求的车辆，补贴标准在2020年基础上退坡10%；为加快推动公共交通行业转型升级，地方可继续对新能源公交车给予购置补贴。

2020年9月，国家发展改革委、科技部、工业和信息化部、财政部联合印发了《关于扩大战略性新兴产业投资培育壮大新增长点增长极的指导意见》。该意见指出，要加快智能和新能源汽车产业的基础支撑能力的建设；开展在公共领域内，车辆全面电动化城市示范工作，提高电动汽车在城市交通领域所占的比例。

2020年11月，为推动新能源汽车产业高质量发展，加快汽车强国建设，国务院制定了《新能源汽车产业发展规划（2021—2035年）》。该规划指出，发展新能源汽车是我国从汽车大国迈向汽车强国的必由之路，是应对气候变化、推动绿色发展的战略举措。

4.4 装备制造业

装备制造业又被称为装备工业，是为满足国民经济各部门发展和国家安全需要而制造各种技术装备的产业总称。装备制造业是工业的核心部分，承担着为国民经济各部门提供工作母机、带动相关产业发展的重任。可以说，它是工业的心脏和国民经济的生命线，是支撑国家综合国力的重要基石。对于装备制造业的范围及界定，学界还没有达成统一的认识，观点也不尽相同，通常认为制造业包括装备制造业和最终消费品制造业两大类。从某种意义上来说，装备制造业可以解释为国民经济门类中进行简单再生产以及扩大再生产，进而提供生产技术装备的工业的总称。

4.4.1 装备制造业产业发展现状分析

装备制造产业作为制造业的核心组成部分，为我国国民经济的发展以及国防建设提供了大量的生产技术装备，是国民经济发展尤其是工业发展的基础。自改革开放以来，我国装备制造产业得到稳步提升，技术装备的设计能力以及制造能力得到了明显的增强。纵观全球制造业近半个世纪的发展历程，可以将全球制造业的发展大致分为四个阶段。

第一阶段：20世纪50~70年代。此时的制造业可以称为传统的制造业，其主要围绕机械化、自动化、标准化进行发展。在此阶段，制造业得到了快速的发展。

第二阶段：20世纪70~90年代。由于制造业在第一阶段的发展，全球处于一个物质饱和的状态，全球供求关系的平衡被打破，供大于求，市场进入了需求导向的时代。因此，人们的消费观念出现了结构性的改变，消费者的消费需求变得多样化和个性化。

第三阶段：20世纪90年代—20世纪末。随着新产品更新速度的加快，以及集装箱运输和信息技术的发展，产品销售半径不断增加，制造业以规模和成本控制制胜。

第四阶段：21世纪初。进入21世纪，全球市场需求的个性化、多样化趋势更加明显，制造业面临全球化、多样化、个性化需求的挑战，规模和成本控制不再是制胜的法宝，制造业需要进行全新的、多模式的发展[①]。

面对新一轮的科技革命和产业变革，装备制造企业将高端装备制造业作为其发展重点，加大战略布局的力度，抢占全球科技和产业竞争的制高点，重新塑造自身的竞争优势。与此同时，全球高端装备制造业的竞争格局正在发生重大的改变，为了提升自身的核心竞争力，世界主要跨国装备企业纷纷采取了兼并收购、服务增值等措施。因此，必须正确把握全球装备制造业的发展趋势，才能推动企业在高端装备制造业领域进行更好的创新发展，塑造其自身的产业优势[②]。

国家统计局公布的数据显示，近年来我国装备制造业主营业务收入呈现增长趋势（见图4.10）。2019年我国装备制造业主营业务收入达到380 581.5亿元，同比增长3.44%，增速较2018年有所放缓。2020年受新冠肺炎疫情影响，上半年我国装备制造业整体营业收入为167 454.2亿元，同比下降6.94%。

我国的装备制造业包括金属制品制造业，通用设备制造业，专用设备制造业，汽车制造业，铁路、船舶、航空航天和其他运输设备制造业，电气机械和器材制造业，计算机、通信和其他电子设备制造业，仪器仪表制造业等。从图4.11中可以看出，对我国装备制造业的营业收入贡献最大的是计算机、通信和其他电子设备制造业，2019年其营业收入达到113 717.6亿元，占比达30%；2019年仪器仪表制造业营业收入仅有7 242.6亿元，对我国装备制

① 2019年中国制造业产业发展现状及行业发展趋势分析：逐渐向智能制造方向转型［EB/OL］. https：//www.chyxx.com/industry/201905/742831.html.

② 2020年装备制造业发展现状及未来发展趋势分析［EB/OL］.https：//www.chinairn.com/scfx/20200518/162737344.shtml.

造业营业收入的贡献较小。

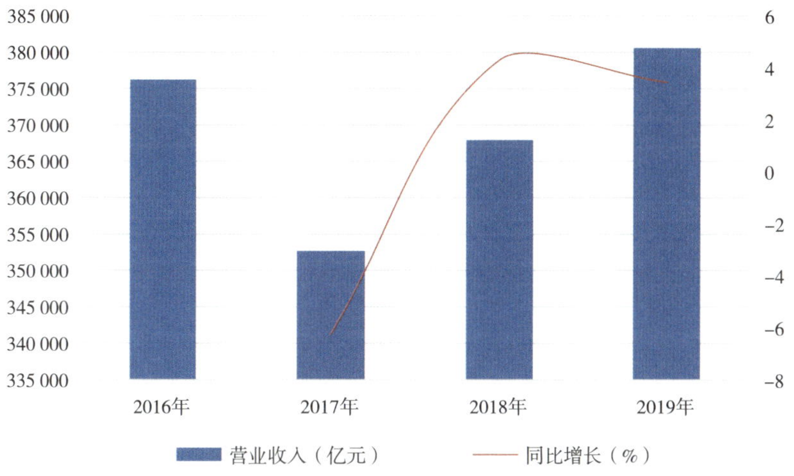

图4.10 2016—2019年中国装备制造业营业收入及增长情况统计

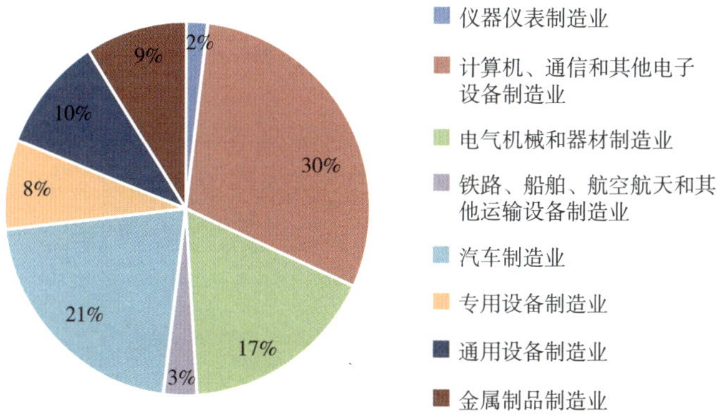

图4.11 2019年中国装备制造业营业收入占比

资料来源：2020年中国装备制造业细分市场发展现状分析［EB/OL］.https：//bg.qianzhan.com/report/detail/300/200927-ee4e0e28.html.

从图4.12中可以看出，2016—2019年，我国计算机、通信和其他电子设备制造业营业收入持续增长。2019年营业收入达到113 717.6亿元，同比增长4.5%，增速有所放缓，较2018年下降5.8个百分点。受新冠肺炎疫情影响，2020年上半年我国计算机、通信和其他电子设备制造业营业收入为51 366.6亿元，增速再次放缓，同比仅增长2.3%。

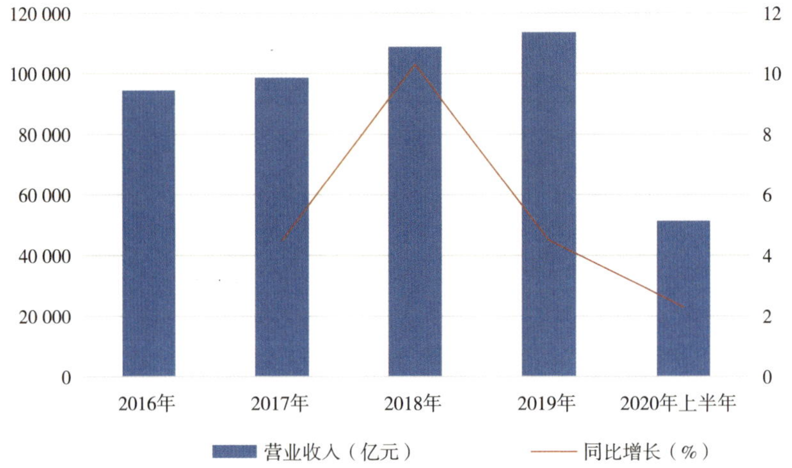

图4.12　我国计算机、通信和其他电子设备制造业营业收入走势

资料来源：2020年中国装备制造业细分市场发展现状分析［EB/OL］.https：//bg.qianzhan.com/report/detail/300/200927-ee4e0e28.html.

4.4.2　装备制造业产业相关法规政策分析

装备制造业作为我国工业发展的重要产业之一，它的发展与我国经济发展有着密切的联系。本书对我国在2002年到2020年期间发布的与装备制造业相关的法规政策进行了梳理，并绘制了词云图（见图4.13）。在此期间，我国装备制造业分别经历了产业开发、发展探索以及成熟完善三大阶段。接下来，将对这三个阶段的相关法规政策进行进一步的分析。

图4.13　2002年至今三个阶段装备制造产业法治建设词云图

资料来源：利用北大法宝数据库（www.pkulaw.cn）加工整理。

4.4.2.1　产业开发阶段（2002—2011年）的政策演进

2002年秋季，经国务院批准，由外经贸部、中国贸促会、辽宁省人民政府共同主办，沈阳市人民政府和辽宁省贸促会等单位承办了中国国际装备制造业博览会。到2020年，此博览会持续进行了19届，由此构建了国内外先进装备制造业的展示平台、交流平台和贸易平台，为海内外企业展示实力、寻求合作、开拓市场提供了契机，为振兴东北地区等老工业基地和加快我国装备制造业的发展做出了重要贡献。

2006年2月13日，国务院印发了《关于加快振兴装备制造业的若干意见》。该意见将我国装备制造业2006年到2010年期间的发展目标定为：建设一批在装备制造业市场具有较大竞争力的主营大型装备制造的企业集团，加强其自主研发技术的能力，基本能够满足其他领域对装备制造的需求需要。依靠不同区域的独特优势，高效地发挥产业的集聚效应，形成一些具有自身特色、在国际上具有知名度的品牌装备制造集中地。

2006年7月，国务院颁布的《国家级经济技术开发区经济社会发展"十一五"规划纲要》将振兴装备制造业作为推进工业结构优化升级的重要举措之一。振兴装备制造业主要包括振兴重大技术装备、提升汽车工业水平以及壮大船舶工业实力三个方面。

自《关于加快振兴装备制造业的若干意见》实施以来，装备制造业发展成效显著，我国已经成为装备制造业大国，但是发展中的一些问题仍然突出。因此，在2009年5月国务院印发了《装备制造业调整和振兴规划》，该规划将规划期定为2009—2011年，制定了新的规划目标，并对产业的发展重点及振兴的主要任务做出了调整。

2010年10月，国务院颁发了《关于加快培育和发展战略性新兴产业的决定》。该决定指出，到2020年，要将高端装备制造产业建设成为国民经济的支柱产业之一。

2011年3月，国务院颁布了《中华人民共和国国民经济和社会发展第十二个五年规划纲要》。该规划纲要第三篇第九章"改造提升制造业"第一节"推进重点产业结构调整"中指出，装备制造行业要提高基础工艺、基础材料、基础元器件研发和系统集成水平，加强重大技术成套装备研发和产业化，推动装备产品智能化。2011年12月，国务院颁布的《工业转型升级规划（2011—2015年）》将发展先进装备制造业作为重点领域发展导向之一。

4.4.2.2 发展探索期（2012—2016年）的政策演进

2015年5月，为了让我国在世界装备制造业中所扮演的角色从制造业大国向制造业强国转变，最终实现制造业强国目标，国务院正式印发《中国制造2025》。

2015年9月，工业和信息化部、发展和改革委员会、交通运输部、质检总局、旅游局、民航局联合发布了《关于促进旅游装备制造业发展的实施意见》，对旅游装备制造业发展做出了全面的规划。

2015年，为落实国务院关于发展战略性新兴产业的决策部署，抢抓新一轮科技革命和产业变革的重大机遇，加快推进我国增材制造（又称“3D打印”）产业健康有序的发展，工业和信息化部、国家发展和改革委员会、财政部制定了《国家增材制造产业发展推进计划（2015—2016年）》。该计划将目标定为：到2016年，要初步建立较为完善的增材制造产业体系，整体技术水平要保持与国际同步，在航空航天等制造领域达到国际先进水平，在国际市场上占有较大的市场份额。

2015年，国家发展和改革委员会批准同意了中德（沈阳）高端装备制造产业园建设方案，切实加强组织领导，要求辽宁省人民政府尽快明确任务分工，抓紧完善工作机制和园区管理体制，制定出台配套政策，全面推进中德（沈阳）高端装备制造产业园（以下简称“中德装备园”）建设，组织编制中德装备园发展规划并报国家发改委备案后实施，并请国务院做出相关支持。

2016年3月，国务院发布《中华人民共和国国民经济和社会发展第十三个五年规划纲要》。该规划纲要将实施制造强国战略作为优化现代产业体系的重点措施之一，要求加快发展新型制造业，实施高端装备创新发展工程，明显提升自主设计水平和系统集成能力。

2016年8月，为落实党中央在《中国制造2025》文件中提出的部署和要求，切实发挥制造标准化和产品质量对装备制造业的引领以及支撑作用，推进结构性改革特别是供给侧结构性改革，促进中国制造产品走向中高端市场，将我国建设成为制造强国和质量强国，质检总局、国家标准委、工业和信息化部会同有关部门共同编制了《装备制造业标准化和质量提升规划》。此规划指出，装备制造业在我国经济社会发展中具有重要地位，它是提升我国综合国力的基石，也是社会经济发展的支柱性产业之一。此规划对装备制造业进行标准化管理，使我国的装备制造业得到进一步的优化。

2016年11月，国务院印发了《“十三五”国家战略性新兴产业发展规划》。该规划指出，要将我国建设成为制造强国。到2020年，战略性新兴产业增加值占国内生产总值比重达到15%，形成新一代信息技术、高端制造、生物、绿色低碳、数字创意五个产值规模10万亿元级的新支柱产业。

2016年12月，为贯彻落实《中华人民共和国国民经济和社会发展第十三个五年规划纲要》《中国制造2025》《国务院关于深化制造业与互联网融合发展的指导意见》，工业和信息化部、财政部联合制定了《智能制造发展规划（2016—2020年）》。该规划提出，2025年前，要推进智能制造发展的“两步走”战略：第一步是到2020年，智能制造发展基础和支撑能力明显增强，传统制造业重点领域基本实现数字化制造，有条件、有基础的重点产业智能转型取得明显进展；第二步是到2025年，智能制造支撑体系基本确立，重点产业初步实现智能转型。

4.4.2.3 成熟完善期（2017年至今）的政策演进

2017年，为全面贯彻落实《循环经济促进法》，培育新的经济增长点，促进我国循环经济尽快形成较大规模，建设资源节约型、环境友好型社会，国家发展和改革委员会、科学技术部、工业和信息化部联合颁布了《关于推进再制造产业发展的意见》。

2017年11月，为全面贯彻落实党的十九大精神，深入学习贯彻习近平新时代中国特色社会主义思想，加快发展先进制造业，推动互联网、大数据、人工智能和实体经济深度融合，突破制造业重点领域关键技术实现产业化，我国制定了《增强制造业核心竞争力三年行动计划（2018—2020年）》。该计划将总体目标定为，到“十三五”规划末期，轨道交通装备等制造业重点领域在关键技术上能够取得大的突破，进而形成一批在国际上具有影响力的带头企业，打造一批属于中国制造的享誉国际的品牌，创建一批在国际上能够得到认可的中国标准，制造业的创新能力能够得到明显的提升，产品的质量得到大幅的提高，综合素质得到显著的增强。

2017年，为贯彻落实《中国制造2025》，推进我国增材制造产业快速和可持续的发展，加快培育制造业发展新动能，工业和信息化部、发展和改革委员会、教育部、公安部、财政部、商务部、文化部、卫生计生委、海关总署、质检总局、知识产权局联合制定了《增材制造产业发展行动计划（2017—2020年）》。该计划将目标定为，到2020年，增材制造产业的年销售收入要超过200亿元，年均增速要达到30%以上，技术水平在原有水平的基础上要有明显的提高，行业应用得到显著的深化，初步实现全球布局，并且生态体系得到基本的完善。按照党中央关于加快建设制造强国、加快发展先进制造业的战略部署，紧密围绕新兴产业培育和重点领域制造业智能转型，着力提高创新能力，提升供给质量，培育龙头企业，推进示范应用，完善支撑体系，探索产业发展新业态新模式，营造良好发展环境，促进增材制造产业做强做大，为制造强国建设提供有力支撑，为经济发展注入新动能。

2017年，国务院办公厅颁布的《关于促进开发区改革和创新发展的若干意见》第七条提出加快开发区产业结构优化。开发区要迎接新一轮产业变革，则必须加快实施“中国制造2025”战略的步伐，通过优化园区的功能、强化产业的链条、支持重大项目的开展、鼓励科技研发以及腾笼换鸟等措施，通过技术的改造来完成由传统制造业向高端制造业的升级，促进信息技术和制造业融合发展。与此同时，该意见指出，要主动培育高端装备、机器人、新一代信息技术、生物技术、新能源、新材料以及数字创意等战略性新兴产业，促进制造业类型的转变，由生产型转变为服务型，大力发展生产性的服务业。将开发区作为发展的载体，努力形成一批战略性新兴产业集聚区、国家高（新）技术产业（化）基地以及国家新型工业化产业示范基地，打造世界级的产业集群。

2018年1月，为贯彻落实党的十九大关于加快发展先进制造业、瞄准国际标准高水平的战略部署，持续推进实施《中国制造2025》，充分发挥标准化的支撑和引领作用，切实提高装备制造业发展的质量和效益，促进我国装备制造业迈向全球价值链中高端，国家标准委、工业和信息化部决定联合开展2018年国家高端装备制造业标准化试点项目申报工作。通过试点的建设形成一批高端装备制造业标准化示范的典型企业和园区，促进装备制造业由大变强。

2018年12月，工业和信息化部发布了《关于加快推进虚拟现实产业发展的指导意见》。该意见要求：推进虚拟现实技术在制造业研发设计、检测维护、操作培训、流程管理、营销展示等环节的应用，提升制造企业辅助设计能力和制造服务化水平。推进虚拟现实技术与制造业数据采集与分析系统的融合，实现生产现场数据的可视化管理，提高制造执行、过程控制的精确化程度，推动协同制造、远程协作等新型制造模式的发展。构建工业大数据、工业互联网和虚拟现实相结合的智能服务平台，提升制造业融合创新能力。面向汽车、钢铁、高端装备制造等重点行业，推进虚拟现实技术在数字化车间和智能车间的应用。

2019年3月，《政府工作报告》提出，要推动传统产业的改造提升，促进先进制造业和现代服务业的结合，拓展“智能+”，培育新一代信息技术、高端设备等新兴产业集群。同月，国家税务总局办公厅颁布的《关于做好2019年深化增值税改革工作的通知》降低了制造业等行业的增值税税率，对制造业的发展起到了激励作用。

2019年11月，为了加深先进制造业与现代服务业的融合发展，国家发展和改革委员会、工业和信息化部、中央网信办、教育部等15个部门联合印发了《关于推动先进制造业和现代服务业深度融合发展的实施意见》。该实施意见对于先进制造业与现代服务业的融合发展提出了30项具体措施，这些措施主要集中在四个方面：一是培育融合发展新业态新模式；二是探索重点行业重点领域融合发展新路径；三是发挥多元化融合发展主体作用；四是先进制造业与现代服务业融合发展的保障措施。

2019年，国务院颁布了《关于推进国家级经济技术开发区创新提升打造改革开放新高地的意见》。该意见指出，实施先进制造业集群培育行动，支持在国家级经济技术开发区建立国家新型工业化产业示范基地的工作，坚持市场化运作、同等对待国内企业和国外企业，培育先进制造业集群。加快引进国外的一些具备先进技术的制造业企业、专业化的“小巨人”企业、制造关键零部件以及中间品的企业，鼓励新兴产业发展联盟以及产业技术创新战略联盟的建立。同时，该意见指出，要拓宽国家级经济技术开发区产业集群发展的融资渠道，就要加强与相关投资基金的合作，充分发挥产业基金、银行信贷、证券市场、保险资金和国家融资担保基金等的作用，鼓励国家级经济技术开发区内的企业发展智能制造试点的示范项目，鼓励企业进行产品研发、采购先进的设备、引进高端人才以及国际化发展等。

4.5 航空航天产业

航空航天产业由航空产业和航天产业两个部分组成。航空指的是大气层内部的飞行，而航天指的是探索外太空的飞行，航空航天是人类为了扩大社会生产，需要开拓新的活动空间而产生的。航空技术主要是指航空器（飞行器）的研究、设计、制造和使用，涉及载人和无人飞行器在大气层中的航行活动（飞行高度一般在离地面30千米范围内）。航天技术是指对太空和地球以外天体的探索、开发和利用的综合性工程技术，涉及运载火箭、卫星、宇宙飞船、航天飞机、永久空间站、空间资源、空间工业、空间运输以及空间军事等方面。航空航天产业不仅是国家战略性产业的重要组成部分，在开发区内的发展也日新月异，成为开发区产业发展的生力军。

4.5.1 航空航天产业发展现状分析

航空航天产业是我国制造业产业升级的代表性领域。自中华人民共和国成立以来，我国航空航天产业不断发展，实现从跟踪模仿到自主创新的跨越。航空航天产业作为高端装备制造业的代表，是国家综合国力的集中体现和重要标志。有专家认为，发展大飞机是产业发展的龙头，对产业有显著的拉动作用。与此同时，大飞机也需要产业链支撑，民用飞机产业和市场的可持续发展离不开产业链的完善。下面以民用航空公司的发展为例，分析我国航空业的发展。

图4.14显示，我国航天航空产业的总收入不断增长，行业需求增速维持在两位数的水平。2019年民航旅客量达到6.1亿人次，同比增长10.6%；

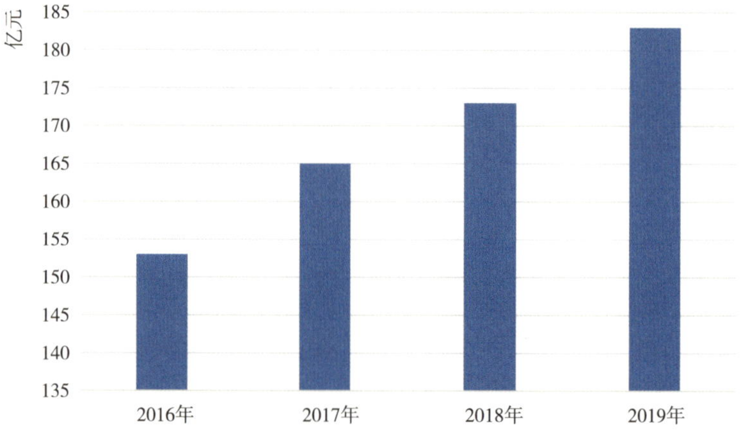

图4.14 2016—2019年我国航空航天产业总收入情况

旅客周转量10 771.6亿人公里，同比增长12.6%。2019年我国航天航空产业的总收入为183亿元，同比增加5.8%。我国长期以来一直渴望成为世界航空航天大国，无论从政策上还是资金上，都在向发展自主创新的航空航天产业不断努力[①]。

4.5.2 航空航天产业相关法规政策分析

航空航天产业是我国战略性新兴产业之一。目前我国的国家级航空产业基地已经落成于天津滨海新区空港经济区。2020年10月，中共中央十九届五中全会通过的《中共中央关于制定国民经济和社会发展第十四个五年规划和二〇三五年远景目标的建议》中提到要发展战略新兴产业，这其中就包括航空航天产业。由此可见，我国对于航空航天产业发展是十分重视的。因此，国家以及地方政府出台了相关的法规政策促进航空航天产业的发展。本书对2010年至今的相关法规政策进行了梳理，并绘制了词云图（见图4.15）。从词云图中我们可以发现，2010年到2015年，航空航天产业的法规政策关注点主要集中在产业发展和项目建设方面；而2016年至今，航空航天产业的法规政策关注点在于项目的投资及资金技术等方面。

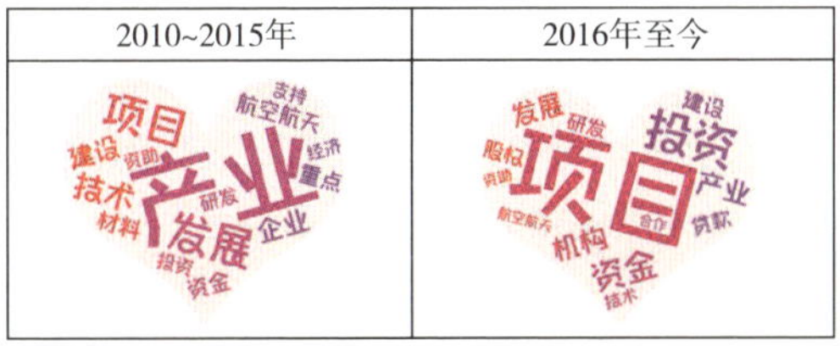

图4.15 2010年至今两个阶段航空航天产业法治建设词云图

资料来源：利用北大法宝数据库（www.pkulaw.cn）加工整理。

4.5.2.1 产业发展初期（2010—2015年）的政策演进

2010年9月，国务院发布了《关于中西部地区承接产业转移的指导意见》。该意见指出，要发挥中西部的各种资源优势，进行资源整合和分配，选择适合中西部发展的产业进行重点培养，形成自己的优势特色产业。这样可以更好地推动重点产业承接发展，产业规模会在原有的基础上得到进一步

① 航空航天行业现状［EB/OL］.https：//www.360kuai.com/pc/925616c532d8ece04？cota=4&kuai_so=1&tj_url=so_rec&sign=360_57c3bbd1&refer_scene=so_1.

的壮大，产业结构也会得到优化，凸显产业发展的优势，建立起现代化的产业体系。对于中西部高新技术产业（包括航空航天产业）要以国家级经济技术开发区以及高新区为榜样，学习经济技术开发区和高新区在高新技术产业发展中的经验，进而在本地区更好地发展战略性新兴产业。鼓励有条件的中西部地区加强和东部沿海地区的创新要素的对接，大力发展总部经济和研发中心，支持高新技术产业化基地以及产业“孵化园”的建立，从而促进创新成果的转化。

2010年10月，国务院印发《关于加快培育和发展战略性新兴产业的决定》，在高端装备制造产业上，提出重点发展以干支线飞机和通用飞机为主的航空装备，做大做强航空产业，到2020年，成为国家经济支柱产业。

2010年12月，工业和信息化部发布了国家新型工业化产业示范基地（第二批）公示名单。在该名单中，天津滨海新区空港经济区航天产业成为第二批国家新型工业化产业示范基地。这为之后天津滨海新区建设国家级航空产业基地奠定了良好的基础。

2012年7月，国务院印发《关于促进民航业发展的若干意见》，在积极支持国产民用飞机制造上，提出鼓励民航业与航空工业形成科研联动机制，加强适航审定和航空器运行评审能力建设，健全适航审定组织体系。积极为大飞机战略服务，鼓励国内支线飞机、通用飞机的研发和应用。引导飞机、发动机和机载设备等国产化，形成与我国民航业发展相适应的国产民航产品制造体系，建立健全售后服务和运行支持技术体系。

2012年7月，国家颁布了《“十二五”国家战略性新兴产业发展规划》。该规划在航空装备方面，建议协调航空技术的研发、产品开发和产业化、市场开发和服务提供等工作，加快具有较强市场竞争力的大型客机的发展，促进先进支线飞机生产的系列化发展，开发新的支线飞机类型；根据人们的需求和市场的要求开发新型通用飞机和直升机，建立通用航空产业体系；突破航空发动机核心关键技术，加快航空发动机产业化进程。

2013年4月，经国务院批准的《苏南现代化建设示范区规划》提出，在镇江重点发展高性能复合材料、高端装备制造、航空航天、新能源产业。这为后来江苏省镇江新区航空航天产业园的打造提供了政策支持。

2013年5月，《民用航空工业中长期发展规划（2013—2020年）》提出了现代航空工业体系基本完善、可持续发展能力显著增强、民用飞机产业化实现重大跨越的发展目标。具体包括建立创新型航空工业体系，拓展和形成完整的产业链，发展国际知名的大型骨干企业，发挥产业带动作用，掌握当代先进民用航空产品技术，形成三层次配套体系，以及长期、稳固、高质量和可信赖的原材料、元器件配套体系，建立完善的适航体系。在产品上提出了C919大型客机完成研制、生产和交付，ARJ21涡扇支线飞机、新舟涡桨支线飞机实现产业化，大型灭火和水上救援飞机、直十五中型直升机、高端公务机、中等功率级涡轴发动机等重点产品完成研制并投放市场，大型客机发动机研制取得重要进展的目标。

2015年5月，《中国制造2025》发布。该文件在航空装备上，提出加快大型飞机研制，适时启动宽体客机研制，鼓励国际合作研制重型直升机；推进干支线飞机、直升机、无人机和通用飞机产业化。此政策促进了我国各类飞机的研发制造，促使该产业快速发展。

4.5.2.2 产业重点打造期（2016年至今）的政策演进

2016年5月，《国家发改委工业和信息化部关于实施制造业升级改造重大工程包的通知》发布。该文件组织实施十大工程，其中第6项为航天航空能力建设工程，包括重大支线飞机关键能力提升工程、先进通用飞机能力建设工程、民用飞机产业化发展能力提升工程等，涉及对ARJ21、“新舟”系列、运-12、AG600、AG300、小鹰500、直-15、AC313等型号的提升。

2016年5月，《国务院办公厅关于促进通用航空业发展的指导意见》对于通用航空业设立了新的发展目标：到2020年，通用机场的建成数量需达到500个以上，通用航空器的数量要达到5 000架以上，年飞行量总计要达到200万小时以上。通用航空器的研发制造水平以及自主化率都要有较大的提高，国产通用航空器的使用在通用航空机队中所占的比例要有明显的提高，通用航空业的经济规模要超过1万亿元，初步形成安全、有序、协调的发展格局。

2016年6月，国家发展改革委员会、交通运输部印发《关于推动交通提质增效提升供给服务能力的实施方案》的通知。该方案在建设消费服务设施上，支持通用航空工程的建设，包括：继续深化低空空域管理体制改革，提高空域资源利用效率，以通用航空发展集聚地区为支撑，规划建设30~50个通用航空综合基地和约500个通用机场，增强装备制造自主研发能力，促进交通服务、旅游观光、应急救援、医疗救助飞行以及公务机、无人机等通航服务发展；完善通航配套设施和服务保障体系，提升通航飞行器研发制造维护水平，打造通航产业增长点。

2016年10月，国家发布《近期推进通用航空业发展的重点任务》，提出培育通用航空市场、加快通用机场建设、促进产业转型升级、扩大低空空域开放、强化全程安全监管等重点任务，在促进产业转型升级上提出支持大型水陆两栖飞机、新能源飞机、轻型公务机、民用直升机、多用途固定翼飞机、专业级无人机以及配套发动机、机载系统等研制应用。

2016年11月，《“十三五”国家战略性新兴产业发展规划》中对航空航天产业的发展做出了新的规划，其提出在“十三五”时期，航空产业要实现新的突破，完善航空产业体系的构建，全面覆盖航空发动机、飞机整机、产业配套以及安全运营等方面。到2020年，民用大型客机、新型支线飞机要完成取证和交付的工作，航空发动机研制要实现新的重大突破，初步建立产业配套体系以及示范运营体系。在新一代的民用飞机的创新工程上，提出要以重大专项以及民用飞机科研作为支撑，突破一批核心技术、系统、部件和材料，提高系统集成能力，重点发展系列化单通道窄体、双通道宽体大型飞机，系列化新型涡桨/涡扇支线飞机及先进通用航空器，着力开展新型民用飞机示范运营和市场推广，建立具有市场竞争力的产品保障和客户服务体系。C919、MA700完成适航取证并交付用户，ARJ21实现批量生产交付；一批重点通用航空器完成研制和市场应用。

2017年1月，国家发展和改革委员会印发了《关于建设通用航空产业综合示范区的实施意见》。该意见将首批综合示范区选择在北京市等26个城市，并先期开展试点示范。

2017年12月，《关于促进和规范民用无人机制造业发展的指导意见》颁布实施。该指导意见明确了产业发展阶段目标：到2020年，民用无人机产业持续快速发展，产值达到600亿元，年均增速40%以上。技术水平持续领先，企业发展取得突破，标准和检测认证体系基本建立，安全管控手段不断完善。到2025年，综合考虑产业成熟度提升后的发展规律，民用无人机产业将由高速成长转向逐步成熟，增速将逐步降低，按照年均25%的增长率测算，到2025年民用无人机产值发展目标达到1 800亿元。民用无人机的标准体系日趋完善，检测认证等相关专业服务机构数量不断增加，产业体系将更加健全，全球市场竞争优势将进一步加强。

2018年3月，《民用无人驾驶航空器经营性飞行活动管理办法（暂行）》颁布实施。该办法共3章20条，以“坚持放管结合、转变职能；坚持突出重点、分类管理；坚持包容审慎、拓展服务”为基本原则，对无人驾驶航空器的经营许可证的申请条件以及申请程序、无人驾驶航空器的经营性飞行活动的监督管理方式等做了详细的规定。该办法划分了明确的适用范围，降低了准入的门槛，具有程序便捷高效、条款规定较为亲民等特点。根据该办法，最大空机重量为250克以上（含250克）的无人驾驶航空器开展航空喷洒（撒）、航空摄影、空中拍照以及表演飞行等作业类和无人驾驶航空器驾驶员培训类的经营活动适用于本办法，而无人驾驶航空器开展载客类和载货类经营性飞行活动暂不适用。

2018年5月，《关于促进航空物流业发展的指导意见》颁布，以促进我国航空物流专业化发展，构建更加完善的航空物流服务体系。对于近年来发展迅速的物流无人机，该指导意见提出支持物流企业利用通用航空器、无人机等提供航空物流解决方案。

2018年5月，《关于成立民用无人驾驶航空器管理领导小组及工作组的通知》颁布，决定成立民航局民用无人驾驶航空器管理领导小组及运行、空管、技术应用、适航、人员资质五大专项工作组。

2019年8月，国家发展和改革委员会发布了《产业结构调整指导目录（2019年本）》。该指导目录将航空航天产业中的十七项内容作为鼓励类的产业进行发展，包括航空发动机开发制造、航空航天用新型材料开发生产等。

2020年10月，中共中央十九届五中全会通过了《中共中央关于制定国民经济和社会发展第十四个五年规划和二〇三五年远景目标的建议》。该建议提出国家在“十四五”规划期间要继续发展战略新兴产业，加快壮大新一代信息技术、生物技术、新能源、新材料、高端装备、新能源汽车、绿色环保以及航空航天、海洋装备等产业。

地方政府也出台了相应的法规政策。2020年12月，南昌市人民政府印发了《关于加快特色产业园建设的若干举措的通知》。该通知指出，南昌市围绕电子信息、生物医药、航空航天、新材料、智能制造、物联网、大数据、VR、电子商务等主导产业以及数字经济、流量经济等新业态新模式，加快引进行业领军企业，大力吸引产业链相关企业，形成集聚效应，不断提升园区产业集聚度。按照“一园一策”，打造一批产业集聚、定位鲜明、配套完善、功能完备的特色产业园，做大做响园区品牌，先期重点打造22个特色产业园。

在2021年4月26日举行的苏州市航空航天产业发展大会上，《苏州市发展航空航天产业三年行动计划》《苏州市促进航空航天产业发展若干措施》同时发布。苏州市瞄准大飞机产业、航天产业、通用航空产业、航空智能装备和航空功能服务5个重点领域，支持产业集聚发展。苏州市明确提出，对航空航天重大创新团队最高给予5 000万元项目补助。发展大会召开的当天，“大飞机苏州产业研究中心”“大飞机苏州航空产业园”揭牌，78个航空航天产业项目签约落地，总投资236亿元。“苏州市航空航天产业优选企业培育库”企业名单发布，150家企业入选①。

通过以上对于产业政策演进的分析可以发现，法治建设对于产业的发展具有促进作用，法治建设可以为产业发展营造良好的营销环境，推动产业的发展，提升产业的核心竞争力。与此同时，国家以及地方政府发布的相关法规政策也为产业的发展起到保障作用，这使得这些产业在发展过程中得到更大的支持。换句话说，国家以及地方政府发布的相关政策对于一些产业的发展是有一定倾斜性的，如前文提到的航空航天产业、电子信息产业等战略性新兴产业。这些产业发展被国家所关注，因此开发区也建立了相关的产业园以谋求更好的发展，如国家级航空产业基地坐落在天津滨海新区空港经济区，为天津开发区带来新的发展机遇，同时也为我国航空航天产业的发展奠定基础。综上所述，产业的发展需要法治建设的保驾护航，全面的法治建设为产业的健康发展提供了有力的保障。

4.6 文化创意产业

文化创意产业是近些年新兴的产业之一，其发展的核心就在于“创意”二字，创造力的高低决定着该产业竞争力的强弱。传统的文化产业的发展已经不能适应经济全球化的发展，文化创意产业的崛起是时代的要求。文化创意产业是依靠对知识产权的开发和营销得以发展的一个行业。

文化创意产业包括了多方面的创意群体，如广播影视与动漫、音像与传

① 苏州出台航空航天产业政策［EB/OL］.https：//www.360kuai.com/pc/9e1330a2e81cf4375?cota=3&kuai_so=1&sign=360_57c3bbd1&refer_scene=so_1.

媒、视觉艺术与表演艺术等。文化创意产业作为第三产业的重要组成部分，在近些年展现出蓬勃发展的态势，规模也在不断扩大，涌现出一批标志性事物，如国家大剧院、798艺术区等。我国除了在传统行业谋求创新发展外，也渐渐地重视新行业领域的开发，文化创意行业就是一个很好的例子。

4.6.1 文化创意产业发展现状分析

2006年12月，北京市统计局、国家统计局北京调查总队联合制定发布了《北京市文化创意产业分类标准》，文化创意产业的概念在这个文件中被明确界定。该文件将文化创意产业界定为一个行业集群，其发展途径主要依靠人们的创作、创造以及创新，其核心竞争力主要在于文化的内容以及创意的成果，其交易的方式主要为知识产权的实现或者消费者的消费，其主要任务是为大众提供美好的文化体验。除此之外，《北京市文化创意产业分类标准》也对文化创意产业的具体分类给出了明确的标准，文化创意产业主要包括九个大类，分别为：文化艺术产业，新闻出版产业，广播、电视以及电影产业，软件、网络及计算机服务产业，广告会展产业，艺术品交易产业，设计服务产业，旅游、休闲娱乐产业以及其他辅助服务产业。文化核心领域包括新闻信息服务、内容创作生产、创意设计服务、文化传播渠道、文化投资运营、文化娱乐休闲服务六个行业；文化相关领域包括文化辅助生产和中介服务、文化装备生产、文化消费终端生产三个行业。

产业的发展不是独立的，在某一产业的发展过程中，不可避免地会发生产业之间的融合。近年来，我国经济的发展处于稳步上升期，各行业都可以看到文化创意产业的影子，各产业的发展呈现出相互交融的局面。随着产业的不断发展，对于产业的发展要求也越来越高，大家逐渐意识到不能只注重产业发展的速度，发展质量才是重中之重。因此，国家提出推进文化创意以及设计服务等新型的高端服务业的发展，促进该产业和实体经济的融合。这是发展创新型经济、促进经济结构调整和发展方式转变、加快实现由“中国制造”向“中国创造”转变的内在要求，是促进产品和服务创新、催生新兴业态、带动就业、满足多样化消费需求、提高人民生活质量的重要途径①。

① 2020文化创意产业现状及发展前景分析［EB/OL］.https：//www.chinairn.com/hyzx/20200709/163143152.shtml.

从具体数据来看，近几年，我国的文化创意产业得到快速发展，但是由于产值体量不大，占地区生产总值的比重有待提升。图4.16显示，2017年至2019年，全国文化及相关产业增加值逐年连续增长。2017年全国文化及相关产业增加值为34 722亿元，占GDP的比重为4.2%。2018年全国文化及相关产业增加值为41 171亿元，占GDP的比重为4.48%。2019年全国文化及相关产业增加值为44 363亿元，占GDP的比重为4.5%。从不同行业看，2019年，文化服务业增加值为28 121亿元，占文化及相关产业增加值的比重为63.4%；文化制造业增加值为11 899亿元，占比为26.8%；文化批发和零售业增加值为4 342亿元，占比为9.8%。

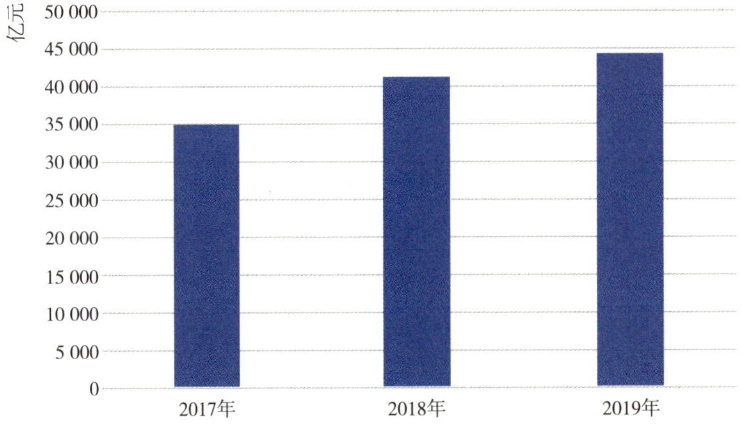

图4.16　2017—2019年全国文化及相关产业增加值

从地域分布看，我国各地区的文化创意产业发展差距较大。由图4.17可知，从不同区域看，东部地区实现营业收入63 702亿元，比上年增长6.1%，占全国的比重为73.5%；中部、西部和东北地区分别为13 620亿元、8 393亿元和909亿元，分别增长8.4%、11.8%和1.5%，占全国的比重分别为15.7%、9.7%和1.1%[①]。

文化创意产业作为国家经济转型过程中的重要产物，具有高附加值、可持续发展的特点，增长速度不断加快。该产业不仅对我国很重要，也已逐渐

① 资料来源：国家统计局网站（http：//www.stats.gov.cn/tjsj/zxfb/202101/t20210105_1812052.html）.

成为世界经济增长的新动力，引领着全球未来经济的发展。

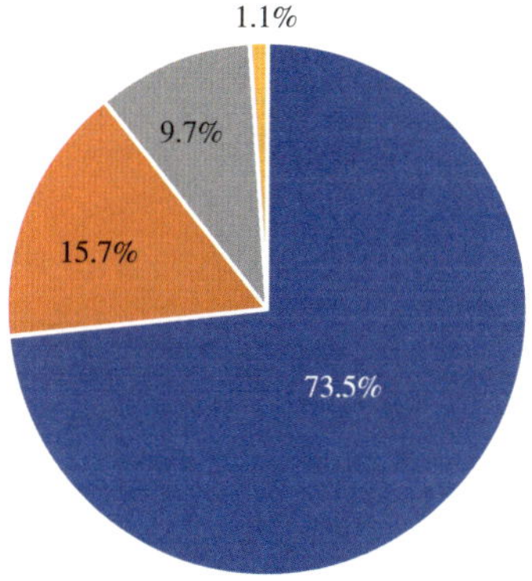

图4.17 2019年各地区文化及相关产业企业营业收入占比

4.6.2 文化创意产业相关法规政策分析

1991年6月，“文化经济”这一概念首次在文化部发布的《关于文化事业若干经济政策意见的报告》中被提出。自此，国家越来越重视文化领域的发展，并出台了一系列相关法规和政策促进文化产业的发展。本书对1991年至今国家以及地方政府所发布的比较具有代表性的与文化创意产业相关的法规政策做了整理，并绘制了词云图（见图4.18）。从图4.18中可以发现，在1991年至2005年，文化创意产业还在创建时期，刚刚初具规模。在2006年至2013年，文化创意开始蓬勃发展。从2014年至今，国家开始更加注重文化创意产业与其他产业的融合，更加注重设计的创新，因此在2017年到2019年，全国文化创意及相关产业增加值呈现出稳步上升的趋势。

图4.18 1991年至今三个阶段文化创新法治建设词云图

资料来源：利用北大法宝数据库（www.pkulaw.cn）加工整理。

4.6.2.1 产业初创期（1991—2005年）的政策演进

1991年6月，为繁荣和发展我国文化事业，切实解决物质文明建设和精神文明建设“一手硬、一手软”的问题，文化部发布了《关于文化事业若干经济政策意见的报告》。“文化经济”概念被首次提出，自此人们对于文化领域的发展也越来越重视。

2000年10月，“文化产业”第一次在《中共中央关于制定国民经济和社会发展第十个五年计划的建议》中被提出。2001年3月，第九届全国人民代表大会第四次会议批准了《国民经济和社会发展第十个五年计划纲要》，对文化产业的建设与发展提出了新的要求。该纲要指出，要紧紧把握时代的精神，坚持正确的产业发展方向，发展新闻出版、广播影视等相关的各项产业。加强对文化理论的研究，促进文学艺术的繁荣发展。尽力提高精神产品的产品质量，从而生产出更多的造福于整个时代和全体人民的优秀作品。加强图书馆、博物馆等文化设施的建设。努力做好社会主义文化阵地的巩固和拓展工作，形成健康向上的舆论环境、文明和谐的社会氛围和丰富多彩的文化生活。坚持把社会公众效益放在首位，坚持社会效益与经济效益相统一的原则，深化文化、广播影视、新闻出版体制改革，建立科学合理、灵活高效的管理体制和文化产品生产经营机制。继续实行支持文化事业发展的有关政策，增加对重要新闻媒体和公益文化事业的投入。加强民族文化遗产保护。积极开展对外文化交流。完善文化产业政策，加强文化市场建设和管理，推动文化产业发展。

2002年11月，党的十六大报告中首次提到“文化产业化”概念。该报告指出，文化建设和文化体制改革的主要任务是牢牢把握先进文化的前进方向，坚持弘扬和培育民族精神，切实加强思想道德建设，大力发展教育和科学事业，积极发展文化事业和文化产业，继续深化文化体制改革。这是我国第一次在文件上明确把文化事业与文化产业区分开来，提出发展文化产业。

2004年10月，为深入贯彻党的十六大、十六届三中和四中全会精神，在巩固发展公有制经济，发挥国有文化企业主导作用的基础上，进一步鼓励、支持和引导非公有制经济进入文化产业领域，推动我国文化产业快速发展，更好地满足人民群众日益增长的精神文化需求，文化部发布了《关于鼓励、支持和引导非公有制经济发展文化产业的意见》，在此次意见中第一次提出鼓励民营企业进行文化投资。

4.6.2.2 产业创新期（2006—2013年）的政策演进

2006年9月，《国家“十一五”时期文化发展规划纲要》将文化产业单独列为一部分进行论述，指出要发展重点文化产业，对文化产业的布局及结构进行优化，在省、市及部分区域内建造一批文化产业的强省、强市和具有区域性特色的文化产业集群，形成文化产业在各区域间协调发展的格局；改变文化产业的增长方式，从而适应发展现代社会主义市场经济的各项要求，提高效率和收益，扩大产业的规模，促进文化产业的健康且可持续发展；培育和重塑文化市场主体，进而使国有文化企业竞争力得到提升，形成以公有制为主体、多种所有制共同发展的文化产业格局；健全各类文化市场，充分发挥市场配置资源的基础性作用，建立健全门类齐全的文化市场，促进文化产品和生产要素合理流动；发展现代文化产品流通组织和创新流通方式。

2006年9月，为适应文化建设的需要，全面贯彻落实科学发展观，推动文化事业和文化产业的协调发展，根据《中华人民共和国国民经济和社会发展第十一个五年规划纲要》和《国家“十一五”时期文化发展规划纲要》，文化部编制了《文化建设“十一五”规划》。该规划首次提出了支持文化创意产业，加强现代艺术的监管。发展文化创意产业园区，支持和鼓励中小型文化内容服务企业的发展，逐步形成一批以提供文化数字信息、演艺、动漫、文化资讯等内容为主的大型内容提供商。

2006年11月，为了进一步加快北京市文化创意产业的发展，《北京市促进文化创意产业发展的若干政策》正式发布。从2006年起，北京市政府每年安排5亿元文化创意产业专项资金，支持文化创意产业人才的培养，鼓励企事业单位及个体创意人员。

2007年9月，经北京市委、市政府批准，《北京市“十一五”时期文化创意产业发展规划》正式发布。该规划指出了发展文化创意产业的重要性：发展文化创意产业是全面落实科学发展观，实现北京整体经济全面协调可持续发展的重要内容；是为了增强北京自主创新能力和建设创新型城市所采取的有力措施；是推进北京产业结构调整工作和转变经济增长方式的必由之路。该规划提出了多项关于北京市文化创意产业发展的主要任务。重点围绕文化创意产业中心的建设，打造文化品牌，发展文化企业，培育文化市场，优化产业布局，实现产业集聚，促进首都经济增长，提升北京作为全国文化中心的地位、功能和影响。

2007年10月，党的十七大明确提出，要积极发展公益性文化事业，大力发展文化产业，激发全民族文化创造活力，更加自觉、更加主动地推动文化大发展大繁荣。

2008年12月，为大力发展文化创意产业，落实《北京市促进文化创意产业发展的若干政策》，北京市规范和加强专项资金管理，提高财政资金的使用效益，根据《预算法》《预算管理条例》《北京市市级项目支出预算管理办法》，制定《北京市文化创意产业发展专项资金管理办法（试行）》。

2009年9月，为贯彻落实中央精神，在重视发展公益性文化事业的同时，加快振兴文化产业，充分发挥文化产业在调整结构、扩大内需、增加就业、推动发展中的重要作用，结合当前应对国际金融危机的新形势和文化领域改革发展的迫切需要，国务院常务会议通过了《文化产业振兴规划》，其首次将文化产业作为国家战略。同时，该振兴规划将发展重点文化产业作为重点任务，尤其以文化创意、影视制作、出版发行、印刷复制、广告、演艺娱乐、文化会展、数字内容和动漫等产业为重点。

2011年3月，国务院发布了《中华人民共和国国民经济和社会发展第十二个五年规划纲要》，首次提出建设具有地方特色的文化产业基地。同时，该规划纲要指出，要推动文化产业成为国民经济支柱性产业，增强文化产业整体实力和竞争力。实施重大文化产业项目带动战略，加强文化产业基地和区域性特色文化产业群建设。推进文化产业结构调整，大力发展文化创意、影视制作、出版发行、印刷复制、演艺娱乐、数字内容和动漫等重点文化产业，培育骨干企业，扶持中小企业，鼓励文化企业跨地域、跨行业、跨所有制经营和重组，提高文化产业规模化、集约化、专业化水平。

2012年2月，文化部发布《“十二五”期间文化产业倍增计划》，要求创作一批高水平的文化产品，扩大文化领域消费，建设一批高水平的文化产业基地和园区。

4.6.2.3 产业融合期（2014年至今）的政策演进

2014年3月，为推进文化创意和设计服务与相关产业融合发展，国务院发布了《关于推进文化创意和设计服务与相关产业融合发展的若干意见》，要求地方政府必须重视文化产业发展。同时，该意见指出，推进文化创意和设计服务等新型、高端服务业发展，促进与实体经济深度融合，培育国民经济新的增长点，提升国家文化软实力和产业竞争力，发展创新型经济，促进经济结构调整和发展方式转变，加快实现由“中国制造”向“中国创造”转变，促进产品和服务创新，催生新兴业态，带动就业，满足多样化消费需求，提高人民生活质量。同年，为深入贯彻落实《关于推进文化创意和设计服务与相关产业融合发展的若干意见》，提高文化产业创意水平和整体实力，推动文化创意和设计服务与相关产业深度融合，文化部制定了《关于贯彻落实〈国务院关于推进文化创意和设计服务与相关产业融合发展的若干意见〉的实施意见》。该实施意见指出，要提升文化产业的创意水平和整体实力，就要充分发挥文化创意和设计服务对相关产业发展的支持作用。

2014年8月，为贯彻落实党的十七届六中全会关于发展特色文化产业的决定以及国务院关于推进文化创意和设计服务与相关产业融合发展的政策，加快实施《国家“十二五”时期文化改革发展规划纲要》，推动特色文化产业的快速且健康发展，文化部和财政部联合印发了《关于推动特色文化产业发展的指导意见》。

2016年7月，北京市委宣传部、北京市发展和改革委员会正式发布《北京市“十三五”时期文化创意产业发展规划》。该规划明确，“十三五”时期文化创意产业发展的重点任务包括：培育和壮大国有骨干文化企业，支持非公有制和中小文化企业发展，健全现代文化市场体系，大力促进文化消费，扩大对外文化贸易规模，推进重点项目落实。

2017年4月，为了全面贯彻落实党的十八大和十八届三中、四中、五中、六中全会精神，推动文化产业成为国民经济支柱性产业，将我国建设成为社会主义文化强国，根据《中华人民共和国国民经济和社会发展第十三个五年规划纲要》《国家“十三五”时期文化发展改革规划纲要》《文化部“十三五”时期文化发展改革规划》，文化部编制了《“十三五”时期文化产业发展规划》。该规划将目标设为，在“十三五”规划期间，打造一批在国际上具有核心竞争力的文化企业，培育一批具有较强影响力的文化产品和品牌，鼓励建设一批在行业内具有较强带动作用的重点文化产业项目，建立一批具有明显示范效应的国家级文化产业园区，批准一批国家文化消费试点城市，打造3到5个集市场化、专业化和国际化于一身的重点文化产业展会，大力支持设立约50个文化金融服务中心，培训各类文化产业人才超过5 000人次。

2017年10月，党的十九大报告指出，文化是一个国家、一个民族的灵魂。文化兴国运兴，文化强民族强。要坚持中国特色社会主义文化发展道路，激发全民族文化创新创造活力，建设社会主义文化强国。

2018年3月，国务院办公厅发布《关于促进全域旅游发展的指导意见》。该意见指出，发展全域旅游，将一定区域作为完整旅游目的地，以旅游业为优势产业，不断提升旅游业水平，更好满足旅游消费需求。深入挖掘历史文化、地域特色文化、民族民俗文化、传统农耕文化等，实施中国传统工艺振兴计划，提升传统工艺产品品质和旅游产品文化含量。

2018年4月，为深化文化体制改革和持续推进社会主义文化强国建设提供统计保障，建立科学可行的文化及相关产业统计制度，国家统计局颁布了新修订的《文化及相关产业分类（2018）》，对文化产业进行了新的分类。

2018年6月，为扩大示范园区辐射力、影响力，进一步优化完善北京市文化创意产业空间布局，加快推动文化创意产业引领区建设，有力支撑京津冀协同发展战略实施和全国文化中心建设，北京市委宣传部、北京市人民政府新闻办公室召开新闻发布会，正式发布《关于加快市级文化创意产业示范园区建设发展的意见》。

2018年6月，北京市委宣传部、北京市人民政府新闻办公室召开新闻发布会，正式发布《北京市文化创意产业园区认定及规范管理办法（试行）》，并启动首批北京市文化创意产业园区认定工作。

2018年6月，为深入贯彻落实党的十九大精神，加快上海市创意与设计产业发展，根据国家和上海市相关文件精神，上海市委、市政府15个相关部门共同制定了《促进上海创意与设计产业发展的实施办法》。

2019年12月，《中华人民共和国文化产业促进法（草案送审稿）》颁布。该法关注创作生产、文化企业、文化市场3个关键环节，聚焦“促进什么”“怎么促进”两个核心问题，在人才、科技、金融财税等方面予以扶持保障。该草案送审稿中特别加强了创作生产部分，对鼓励创作、创作便利、促进文旅融合、质量管理等制度设计进行了调整完善。

2020年11月，《中华人民共和国著作权法》修订，更加具体地规定了各个文化产业的著作权，有利于文化产业的发展。

2021年3月，文化和旅游部、国家发展和改革委员会、财政部联合发布《关于推动公共文化服务高质量发展的意见》。该意见的指导思想是：把握时代发展新趋势，全面贯彻新发展理念，以人民为中心，以社会主义核心价值观为引领，以高质量发展为主题，以深化公共文化服务供给侧结构性改革为主线，完善制度建设，强化创新驱动，努力推动文化治理体系和治理能力现代化，为人民群众提供更高质量、更有效率、更加公平、更可持续的公共文化服务，使城乡居民更好参与文化活动，培育文艺技能，享受文化生活，激发文化热情，增强精神力量，提高社会文明程度，为建设社会主义文化强国奠定基础。

5 开发区企业公共法律服务实践

- 公共法律服务体系建设背景
- 企业公共法律服务基本情况
- 企业公共法律服务需求与实践探索

开发区法治建设实践包括很多环节和内容，具体来说包括立法、司法、执法、守法、法律监督及法律服务等。本章以开发区公共法律服务实践为切入点，论述法治建设实践的具体内容。并以某地开发区为例，从公共法律服务体系建设的角度，论述开发区的法治建设实践，从中探寻开发区公共法律服务的特点和规律，以提升企业公共法律服务水平，促进开发区法治建设进程。

5.1 公共法律服务体系建设背景

现阶段，我国一直积极推进公共法律服务体系建设，出台了一系列的政策文件，为开发区企业公共法律服务体系建设指明了方向。2014年1月，司法部发布的《关于推进公共法律服务体系建设的意见》指出："公共法律服务，是指由司法行政机关统筹提供，旨在保障公民基本权利，维护人民群众合法权益，实现社会公平正义和保障人民安居乐业所必需的法律服务，是公共服务的重要组成部分。"

中共中央十八届四中全会通过的《中共中央关于全面推进依法治国若干重大问题的决定》提出："推进覆盖城乡居民的公共法律服务体系建设，加强民生领域法律服务。完善法律援助制度，扩大援助范围，健全司法救助体系，保证人民群众在遇到法律问题或者权利受到侵害时获得及时有效的法律帮助。发展律师、公证等法律服务业，统筹城乡、区域法律服务资源，发展涉外法律服务。健全统一司法鉴定管理体制。"

根据司法部发布的《关于推进公共法律服务体系建设的意见》，我国公共法律服务体系建设主要涉及四个方面：一是为全民提供法律知识普及教育和法治文化活动；二是为经济困难和特殊案件当事人提供法律援助；三是开展公益性法律顾问、法律咨询、辩护、代理、公证、司法鉴定等法律服务；四是预防和化解民间纠纷的人民调解活动等。

2017年8月，司法部发布《关于推进公共法律服务平台建设的意见》，提出加强公共法律服务实体平台、热线平台、网络平台的建设。2018年9月，司法部发布《关于深入推进公共法律服务平台建设的指导意见》，提出"公共法律服务作为政府公共服务体系的重要组成部分，在实体、热线、网络平台全部建成的基础上，推进三大平台融合发展是公共法律服务体系建设的必然要求”。

2019年7月，中共中央办公厅、国务院办公厅发布《关于加快推进公共法律服务体系建设的意见》，提出了新时代公共法律服务体系构建的指导性意见和主要目标：到2022年，基本形成覆盖城乡、便捷高效、均等普惠的现代公共法律服务体系。公共法律服务体制机制不断完善，服务平台功能有效发挥，服务网络设施全面覆盖、互联互通，公共法律服务标准化规范化体系基本形成，城乡基本公共法律服务均等化持续推进，人民群众享有的基本公共法律服务质量和水平日益提升。到2035年，基本形成与法治国家、法治政府、法治社会基本建成目标相适应的公共法律服务体系。公共法律服务网络全面覆盖、服务机制更加健全、服务供给优质高效、服务保障坚实有力，基本公共法律服务均衡发展基本实现，法律服务的群众满意度和社会公信力显著提升，人民群众共享公共法律服务成果基本实现。

5.2 企业公共法律服务基本情况

近年来，我国公共法律服务平台关注民生领域的法律服务，服务对象主要面向城乡居民。在司法部的推动下，不少法律中心、法律服务站、法律工作室也设立了服务民营企业的窗口，推动了针对企业的公共法律服务的开展。

5.2.1 构建企业公共法律服务体系的必要性

构建企业公共法律服务体系，属于我国公共法律服务体系的范畴。“企业”是构建企业公共法律服务体系中的主体或服务对象，企业的性质、规模以及产业发展等对企业公共法律服务体系的建设产生影响。构建企业公共法律服务体系的必要性体现在以下几个方面。

首先，通过构建企业公共法律服务体系，为创业、创新提供普惠性法律支撑，支持，帮助企业创业成功，有助于增加就业。

其次，构建企业公共法律服务体系，能够满足企业的公共法律服务需求。对于初创型企业来说，一方面，创业者缺乏相关法规政策知识，有获得公共法律服务的需求；另一方面，初创型企业经常面临劳资、高新技术、知识产权等法律问题，需要专业的法律服务。初创型企业的创建与发展不仅需要了解法律法规，也要了解产业环境、区域政策、行业惯例，更要避免创业中的法律风险和发展过程中的法律纠纷。因此，初创型企业在创建和发展过程中需要专业法律服务来为其“把脉”。

对于成长型企业来说，合同问题（即规制企业和其发生市场交易主体的各类合同）及劳动用工问题，是其面临的主要法律问题，需要专业法律服务提供风险管控。

对于稳健型企业来说，公司治理、知识产权问题是其面临的主要法律问题。公司治理问题涉及企业投资人，即股东与股东、合伙人与合伙人之间的利益调整，如股权架构、股权转让、增资扩股、股权激励等。知识产权问题则涉及企业的核心竞争力、商业秘密、专利保护、商标价值的进一步体现等。

对于扩张型企业来说，投资、融资是其面临的主要法律问题。投融资过程中的法律服务包括：企业投融资方案设计与法律风险分析；法律尽职调查、商务谈判、法律文件的起草审查；企业上市、股票与债券发行；境外投资并购；债务处理及劳动关系处理等。

对于资源整合型企业来说，面临的法律问题涉及企业发展的方方面面，包括资本整合、人力资源整合、产业整合以及品牌整合等，因此对法律服务的专业水准提出了更高要求。

再次，构建企业公共法律服务体系，有利于营造良好的法治营商环境，促进产业健康发展。一是通过普法宣传，增强企业的法律意识，推动企业健康发展；二是专业化的公共法律服务能够有效促进企业良好治理结构的形成以及企业间的诚信合作和良性竞争，有利于企业及所属产业的良性发展；三是构建企业公共法律服务体系，能够充分体现公共法律服务的均等性、普惠性和便捷性，进一步促进良好的法治环境和营商环境的形成。

最后，构建企业公共法律服务体系，组织具有国际化涉外服务能力的服务团队，为中国企业“走出去”保驾护航。近年来，国际形势纷繁复杂，中国企业“走出去”的阻力很大。因此，企业在布局“走出去”前要做好充分准备，尤其对目标地的相关法律法规要有充分的了解。虽然“走出去”的企业可以通过社会法律服务及自身法务团队提供相关服务，但若能通过公共资源供给，整合最优秀的涉外法律人才，组建涉外法律服务“国家队”，势必会为中国企业成功“走出去”保驾护航。

5.2.2 现阶段企业公共法律服务面临的问题

随着产业的发展和“一带一路”倡议的推进，涉及企业发展、科技创新以及国际合作等方面的法律需求日益增多。虽然各地已在积极提升公共法律服务水平，但针对企业的公共法律服务仍然有限，尤其是中小企业和涉外企业在知识产权、合同交易、股权治理、投融资和国际商事、涉外诉讼仲裁等方面面临复杂的法律风险，因此企业公共法律服务的重要性和迫切性日渐突出。现阶段我国企业公共法律服务面临的问题如下。

第一，虽然认识到企业公共法律服务的重要性，但目前区域发展不均衡，系统化程度低。我国公共法律服务平台及公共法律服务的覆盖面在不断扩大，但现阶段缺少针对企业的公共法律服务，各地企业公共法律服务的水平参差不齐，未形成系统化建设机制。对于企业面临的法律问题，珠海、深圳等地通过政府补贴的方式推进法律服务。2019年9月，珠海开始实施《珠海市司法局关于律师事务所为企业提供公共法律服务事项补贴办法（试行）》，提出为珠海企业提供公共法律服务可以获得相应补贴。2020年，深圳南山区政府为辖区企业聘请法律顾问提供补贴，以促进辖区律师事务所与企业之间的法律服务供需对接，助力辖区企业抵御疫情风险，合法复产复工。

第二，涉外法律服务取得发展，但仍面临巨大挑战。在当前经济全球化的背景下，涉外法律服务的重要性日益显著。近年来，我国律师在涉外法律服务方面不断拓宽服务领域，2018年办理涉外法律事务近12.7万件，服务国企1 600多家、民企6 900多家。新冠肺炎疫情发生后，中国贸促会联合50多个国家的律师事务所和专业法律服务机构，针对我国企业因新冠肺炎疫情引发境外贸易投资合同履行困难、违约风险增大等法律问题进行分析。在调研、整理国外关于不可抗力和情势变更等法律制度及相关案例后，编写了《向国外客户主张不可抗力的流程和注意事项（以普通法系国家为例）》《涉外合同履行遇上新型冠状病毒肺炎疫情，履行有困难怎么办？》等法律指引，帮助企业积极应对涉外合同风险。

在“一带一路”建设过程中，我国企业要“走出去”，必然会在“一带一路”沿线国家进行投资建设及商务合作，而这些国家在政治文化、法律制度、宗教信仰、经济水平等诸多方面存在巨大差异，因此，我国企业迫切需要高质量、专业化的涉外法律服务，以解决对外投资过程中的准入风险、合同风险、劳工风险等。据了解，截至2019年，我国律师事务所在越南、蒙古国、吉尔吉斯斯坦等“一带一路”相关国家已设立了8所分支机构。未来在我国企业资金投向海外的同时，需要更多的中国律师“走出去”，为企业提供专业精准的涉外法律服务。

第三，高精专复合型法律人才短缺。中国律师人数与英美等一些发达国家相比还存在较大差距，特别是高精专复合型法律人才。自我国加入WTO以来，法律服务市场逐步对外开放，涉外法律事务与日俱增，但懂外语、精通国外法律的复合人才非常紧缺。有专家学者指出，我国高端涉外法治人才匮乏，一个重要原因就是高等教育对涉外法治人才培养重视不够。当前，我国主要法律院校在积极制订人才培养计划，开设涉外法律专业，努力培养既具有国际视野又通晓国际规则的中国涉外法律服务人才。

5.3 企业公共法律服务需求与实践探索

本节以某地开发区为例，结合该区企业公共法律服务需求的调研分析，论述开发区企业公共法律服务的实践与创新。

5.3.1 企业公共法律服务需求调研分析

某地开发区通过深入调研区内企业的涉诉案件情况，为企业进行法律体检，开展企业公共法律服务实践，具体调研情况如下。

5.3.1.1 园区主导产业的企业涉诉案件调研

本次调研针对某地开发区四大主导产业的200余家规模以上企业，分析2017年至2020年涉诉案件情况。调研数据显示：各类企业涉诉案件的案由主要为民事案件，其中，电子信息类企业案件主要涉及知识产权，生物医药类企业案件主要涉及劳动争议，汽车类企业和智能装备类企业案件主要涉及合同纠纷。由此可见，不同产业类型的企业涉及的案件类型有显著差异，其公共法律服务需求也大相径庭。

（1）电子信息类企业。通过对电子信息类企业有无案件、案由及案件类型占比等进行统计分析，可以发现66%的企业发生过诉讼案件，其中民事案件较多，主要涉及知识产权、合同纠纷等。

从图5.1可以看出，电子信息类企业涉诉案件中大多数案由为民事案件，占比超过90%；其他案由较少，占比不到10%。

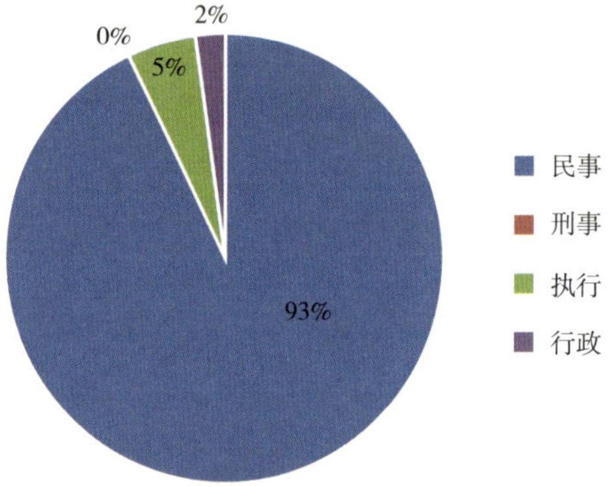

图5.1　电子信息类企业各类案由占比

从图5.2可以看出，电子信息类企业涉诉案件中，知识产权类案件最多，占比为65%；其次为合同纠纷，占比为20%；再次是劳动争议，占比为10%；最后是其他，占比为5%。由此可见，电子信息类企业对知识产权、合同纠纷、劳动争议领域法律需求较高。

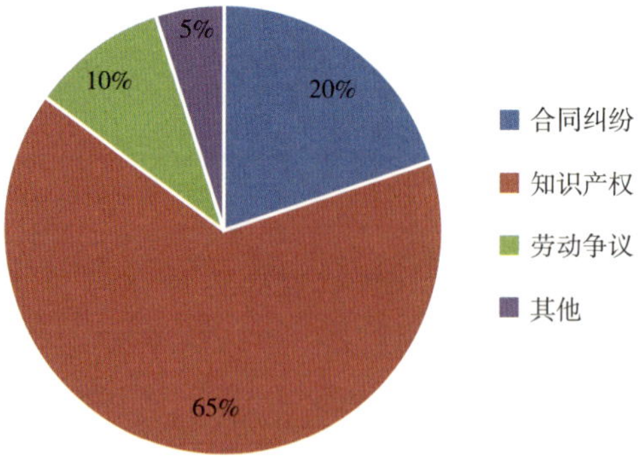

图5.2　电子信息类企业案件类型占比

（2）生物医药类企业。通过对生物医药类企业有无案件、案由及案件类型占比等进行统计分析，可以发现82%的被调研企业发生过诉讼案件，其中主要为民事案件，涉及劳动争议及合同纠纷较多。

从图5.3可以看出，生物医药类企业涉诉案件主要为民事案件，占比为

95%；执行案件占4%。

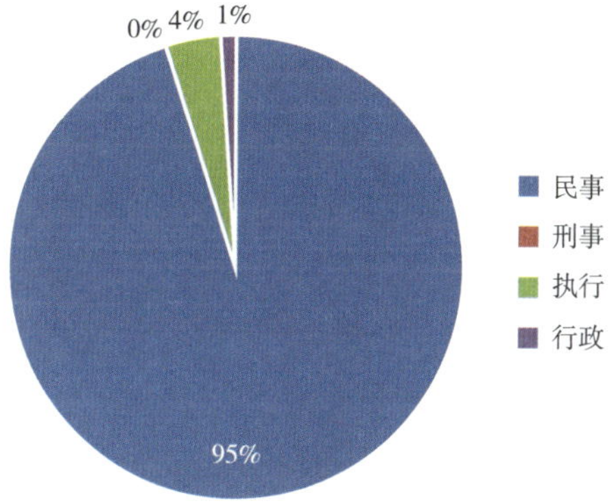

图5.3 生物医药类企业各类案由占比

从图5.4可以看出，生物医药类企业涉诉案件主要涉及劳动争议与合同纠纷，占比分别为48%和31%；知识产权及其他案件占（如侵权纠纷）比较少，分别为5%和16%。由此可见，生物医药类企业对劳动争议、合同纠纷等领域法律需求较高。

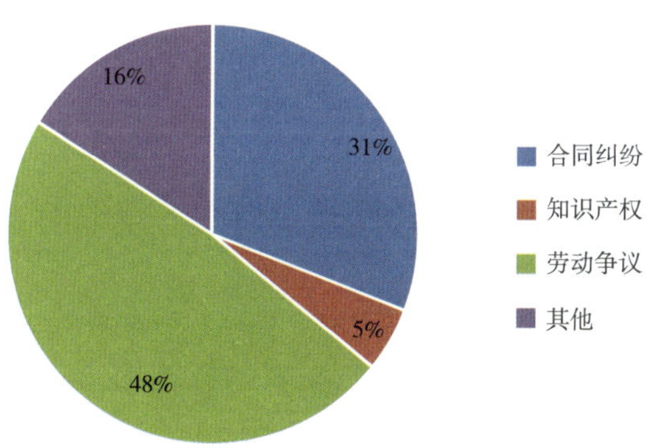

图5.4 生物医药类企业案件类型占比

（3）汽车类企业。通过对汽车类企业有无案件、案由及案件类型占比等进行统计分析，可以发现55%的企业发生过诉讼案件，其中主要为民事案件，涉及合同纠纷、劳动争议等。

从图5.5可以看出，汽车类企业涉诉案件主要为民事案件，占比为91%；其他案由案件较少，6%为行政案件，3%为执行案件。

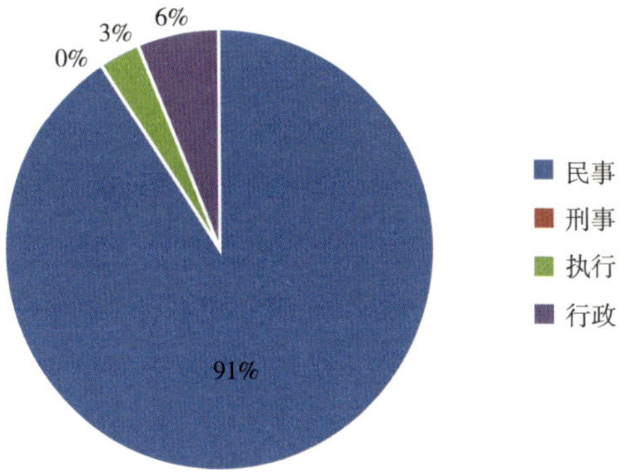

图5.5　汽车类企业各类案由占比

从图5.6可以看出，汽车类企业涉诉案件中，合同纠纷最多，占比为42%；其他（如侵权纠纷）占比为29%；劳动争议占比为22%。由此可见，汽车类企业对合同纠纷、劳动争议、侵权领域法律需求较高。

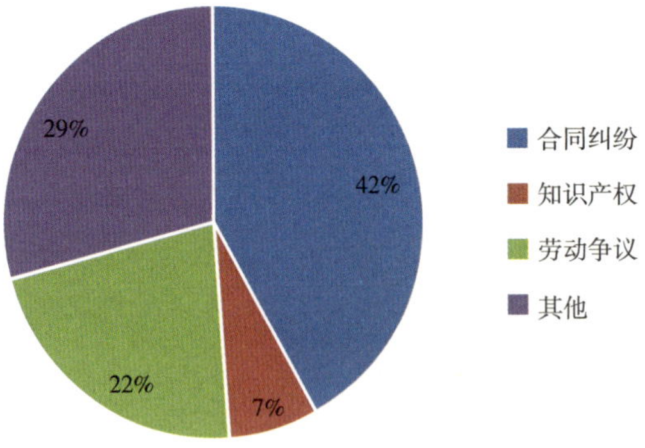

图5.6　汽车类企业案件类型占比

（4）智能装备类企业。通过对智能装备类企业有无案件、案由及案件类型占比等进行统计分析，可以发现70%的企业发生过诉讼案件，其中主要为民事案件和执行案件，有关合同纠纷的案件最多。

从图5.7可以看出，智能装备类企业涉诉案件中，主要为民事案件，占比为81%；其次为执行案件，占比为18%；刑事案件和行政案件较少。

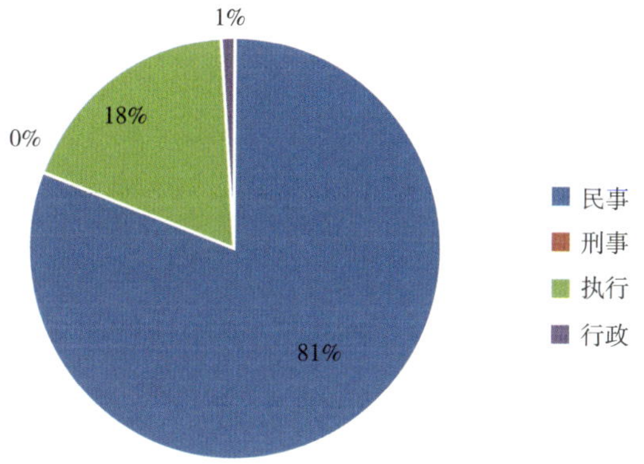

图5.7 智能装备类企业各类案由占比

从图5.8可以看出，智能装备类企业涉诉案件类型主要为合同纠纷，占比为85%；知识产权、劳动争议及其他案件较少，占比分别为2%、7%和6%。由此可见，智能装备类企业对合同纠纷法律需求较高。

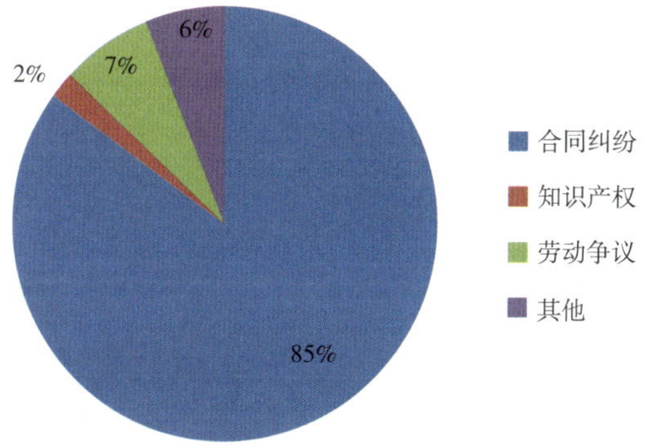

图5.8 智能装备类企业案件类型占比

5.3.1.2 主导产业的企业涉诉案件情况分析

通过对某地开发区电子信息、生物医药、汽车、智能装备四大产业的企业有无案件、案由、案件类型进行横向比较，可以发现智能装备类中涉诉案企业数最多，其次是生物医药类企业，再次是电子信息类企业，汽车类涉诉企业总数最少（见图5.9）。从被调研企业的涉案率（有案件企业数除以被调研企业总数）来看，各类企业涉诉案率均在50%以上。其中，生物医药类企业涉诉案率最高，达83%，也就是说超过八成的该类型企业涉及诉讼案件；智能装备类企业涉诉案率也较高，为70%；电子信息类企业涉诉案率为66%；汽车类企业涉诉案率为55%。

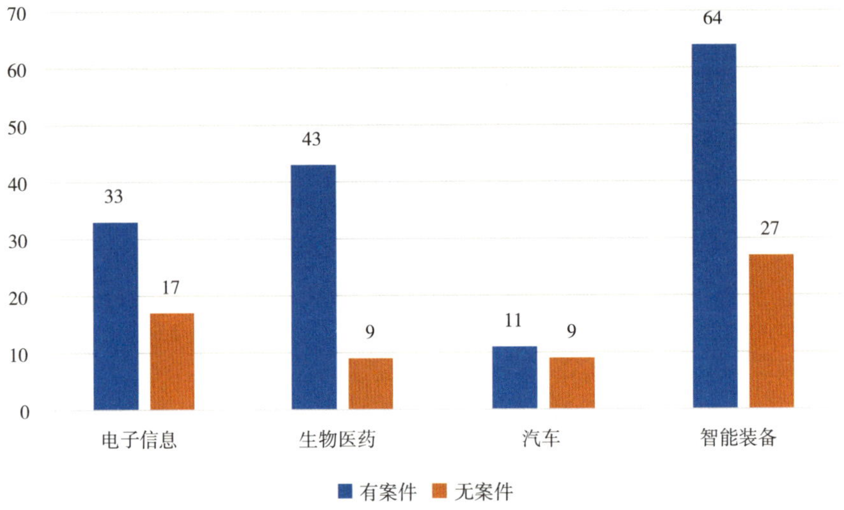

图5.9 四大产业涉诉情况比较

图5.10显示，在调查期限内，四大产业的企业涉诉案件均以民事案件为主，其中智能装备类企业的民事案件最多，电子信息类企业民事案件数量次之，再次为生物医药类涉案企业和汽车类涉案企业。智能装备类企业的执行案件最多，电子信息类企业的行政案件最多。

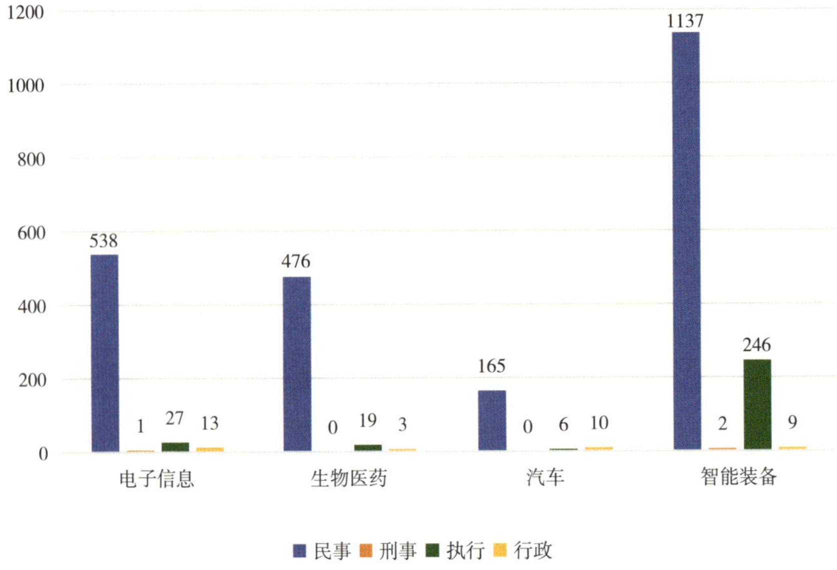

图5.10 四大产业涉诉案由比较

图5.11显示，在调查期限内，四大产业的企业涉诉案件主要类型有所不同。其中，智能装备类企业的涉诉案件以合同纠纷为主；电子信息类企业的涉诉案件以知识产权为主；生物医药类企业的涉诉案件以劳动争议为主；汽车类企业的涉诉案件以合同纠纷为主。企业涉案类型的不同造成企业法律服务需求的差异性。因此，在开发区企业公共法律服务实践中，应当针对不同产业类型企业的不同服务需求，提供专业精准的公共法律服务。

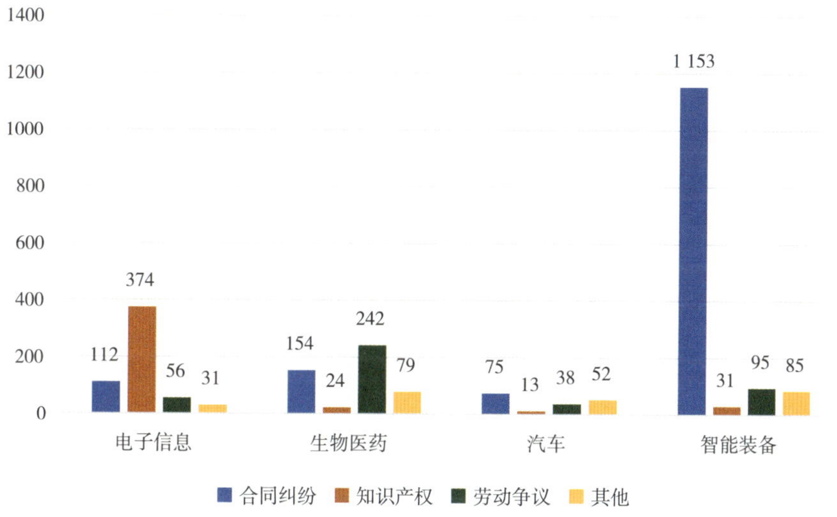

图5.11　四大产业涉诉案件类型比较

5.3.1.3　企业法律体检情况分析

某地开发区为了更好地服务企业，采用“互联网+”模式，通过微信公众号为企业开展线上法律体检，以企业经营中的共性法律问题为切入点，梳理企业发展中常见的法律风险，为企业进行股权、劳资关系、合同事务、投融资、商账催收、知识产权六个模块的法律体检，进而探索构建企业公共法律服务体系的模式，增强法律服务的供给弹性，助推区域经济高质量发展。截至2020年11月，根据企业法律体检数据统计，参与法律体检企业的产业类型主要有电子信息、生物医药、汽车、装备制造、生产性服务及新能源与新材料等，企业法律体检情况分析如下。

（1）企业法律风险管控情况。在参与法律体检的企业中，66%的企业法律风险管控有待加强，34%的企业法律风险管控良好（见图5.12）。企业法律风险管控有待加强的行业主要为装备制造业、生产性服务业及生物医药业。

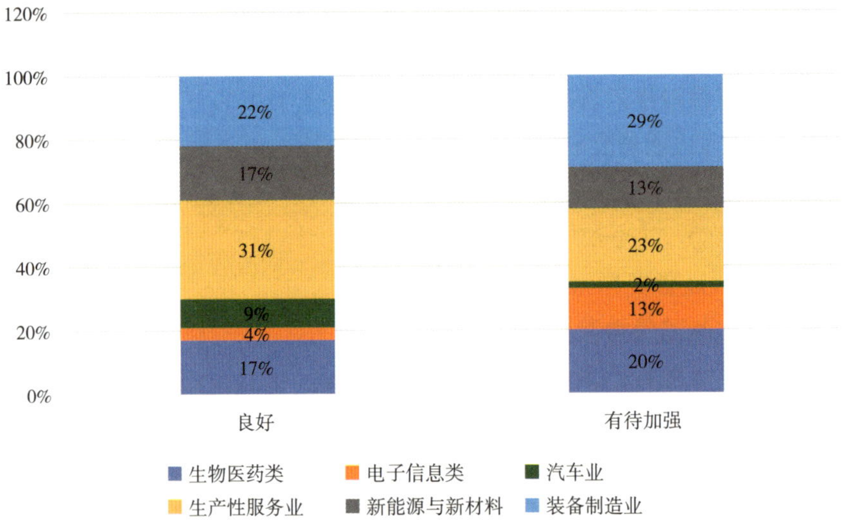

图5.12　法律风险管控情况行业占比

（2）法律需求情况汇总分析。由图5.13可以看出，参与法律体检的装备制造类企业均表示有法律服务需求。法律服务需求主要集中在合同事务、劳资关系和商账催收。合同事务需求较高的企业占比为61.11%，劳资关系需求较高的企业占比为55.56%，这两类需求都超过50%。相对来说，装备制造类企业对股权、投融资、知识产权等有一定需求，但需求相对较低。

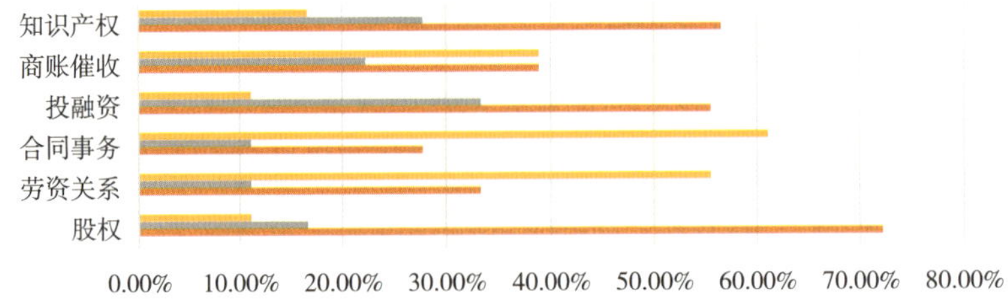

	股权	劳资关系	合同事务	投融资	商账催收	知识产权
需求较高	11.11%	55.56%	61.11%	11.11%	38.89%	16.67%
一般	16.67%	11.11%	11.11%	33.33%	22.22%	27.78%
需求较低	72.22%	33.33%	27.78%	55.56%	38.89%	56.56%
无需求	0.00%	0.00%	0.00%	0.00%	0.00%	0.00%

需求较高 一般 需求较低 无需求

图5.13　装备制造类企业法律服务需求比较

由图5.14可以看出，参与法律体检的生产性服务类企业均表示有法律服务需求。法律服务需求集中在合同事务、知识产权和劳资关系。合同事务需求较高的企业占比为29.41%，知识产权需求较高的企业占比为23.53%，这两类需求都没超过30%。相对来说，生产性服务类企业对股权、投融资、商账催收等有一定需求，但需求相对较低。

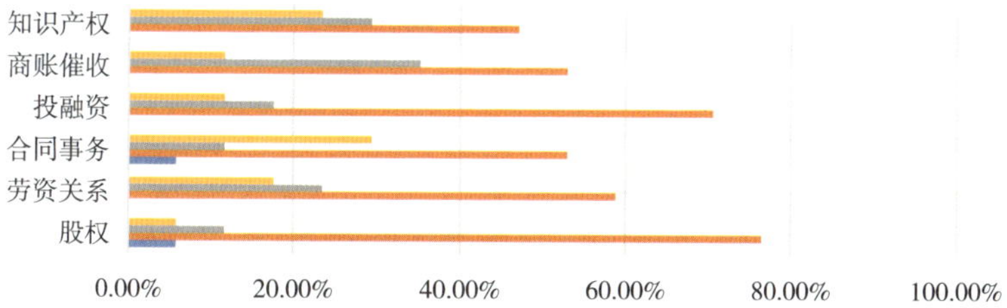

	股权	劳资关系	合同事务	投融资	商账催收	知识产权
需求较高	5.89%	17.65%	29.41%	11.76%	11.76%	23.53%
一般	11.76%	23.53%	11.76%	17.65%	35.29%	29.41%
需求较低	76.47%	58.82%	52.94%	70.59%	52.94%	47.06%
无需求	5.89%	0.00%	5.89%	0.00%	0.00%	0.00%

■需求较高 ■一般 ■需求较低 ■无需求

图5.14 生产性服务类企业法律需求比较

由图5.15可以看出，参与法律体检的生物医药类企业均表示有法律服务需求。法律服务需求集中在知识产权、合同事务和商账催收。知识产权需求较高的企业占比为23.08%，合同事务和商账催收需求较高的企业占比均为15.38%。相对来说，生物医药类企业对股权、投融资等有一定需求，但需求相对较低。

由图5.16可以看出，参与法律体检的电子信息类企业均表示有法律服务需求。法律服务需求集中在投融资、知识产权、劳资关系和商账催收。投融资需求较高的企业占比为42.86%，知识产权、劳资关系和商账催收需求较高的企业占比均为28.57%。相对来说，电子信息类企业对股权、合同事务等有一定需求，但需求相对较低。

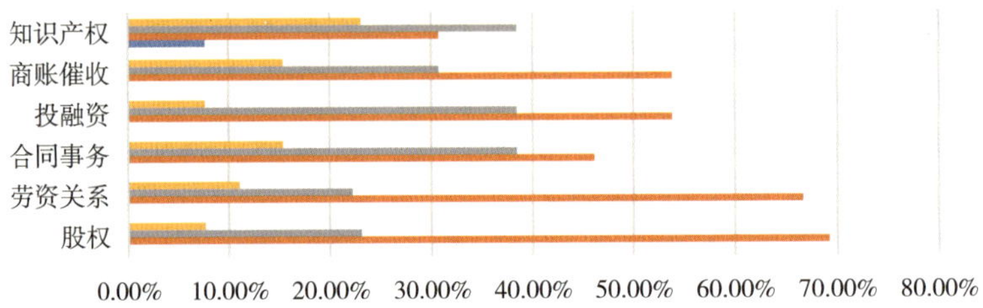

	股权	劳资关系	合同事务	投融资	商账催收	知识产权
需求较高	7.69%	11.11%	15.38%	7.69%	15.38%	23.08%
一般	23.09%	22.22%	38.46%	38.46%	30.77%	38.46%
需求较低	69.23%	66.67%	46.15%	53.85%	53.85%	30.77%
无需求	0.00%	0.00%	0.00%	0.00%	0.00%	7.69%

■需求较高 ■一般 ■需求较低 ■无需求

图5.15　生物医药类企业法律需求比较

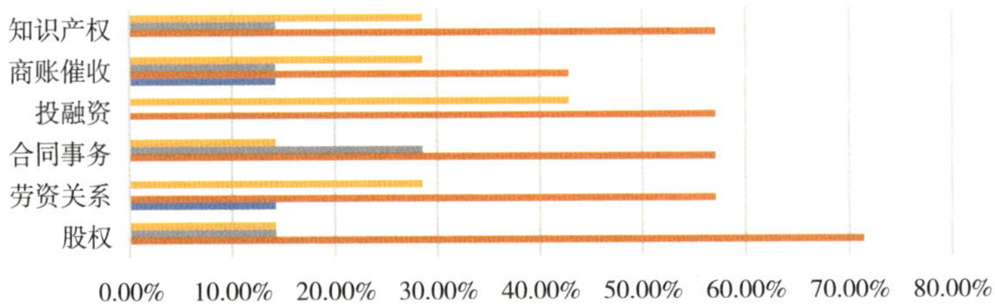

	股权	劳资关系	合同事务	投融资	商账催收	知识产权
需求较高	14.29%	28.57%	14.29%	42.86%	28.57%	28.57%
一般	14.29%	0.00%	28.57%	0.00%	14.29%	14.29%
需求较低	71.43%	57.14%	57.14%	57.14%	42.86%	57.14%
无需求	0.00%	14.29%	0.00%	0.00%	14.29%	0.00%

■需求较高 ■一般 ■需求较低 ■无需求

图5.16　电子信息类企业法律需求比较

由图5.17可以看出，参与法律体检的汽车业企业均表示有法律服务需求。法律服务需求集中在合同事务、劳资关系。合同事务和劳资关系需求较高的企业占比均为66.67%，知识产权、股权、投融资和商账催收需求较高的企业占比均为33.33%。由此可以看出，汽车业企业整体各方面法律服务需求均较高。

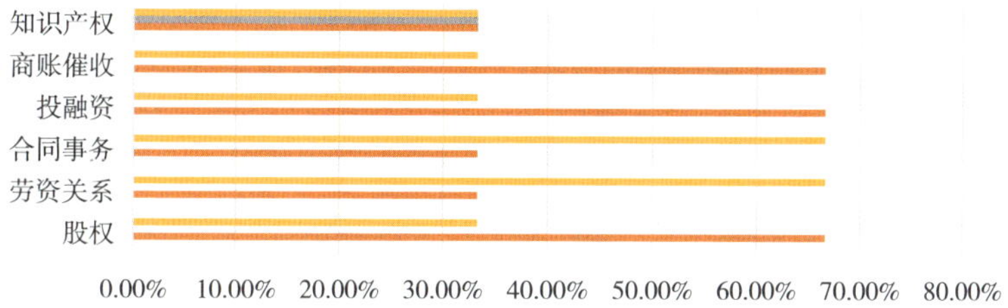

	股权	劳资关系	合同事务	投融资	商账催收	知识产权
需求较高	33.33%	66.67%	66.67%	33.33%	33.33%	33.33%
一般	0.00%	0.00%	0.00%	0.00%	0.00%	33.33%
需求较低	66.67%	33.33%	33.33%	66.67%	66.67%	33.33%
无需求	0.00%	0.00%	0.00%	0.00%	0.00%	0.00%

■需求较高 ■一般 ■需求较低 ■无需求

图5.17 汽车类企业法律需求比较

由图5.18可以看出，参与法律体检的新能源与新材料企业均表示有法律服务需求。法律服务需求集中在合同事务、商账催收和投融资。合同事务需求较高的企业占比为70%，商账催收需求较高的企业占比为60%，投融资需求较高的企业占比为40%，股权、劳资关系、知识产权需求较高的企业占比均为30%。由此可以看出，新能源与新材料企业的各项法律服务需求均较高。

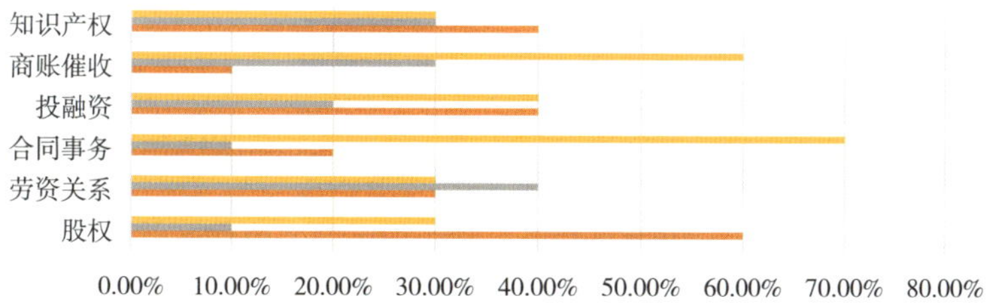

	股权	劳资关系	合同事务	投融资	商账催收	知识产权
需求较高	30.00%	30.00%	70.00%	40.00%	60.00%	30.00%
一般	10.00%	40.00%	10.00%	20.00%	30.00%	30.00%
需求较低	60.00%	30.00%	20.00%	40.00%	10.00%	40.00%
无需求	0.00%	0.00%	0.00%	0.00%	0.00%	0.00%

■需求较高 ■一般 ■需求较低 ■无需求

图5.18 新能源与新材料企业法律需求比较

5.3.2 企业公共法律服务的创新实践

通过需求调研及法律体检，在充分了解企业法律需求的基础上，运用大数据、云计算、人工智能等新一代信息技术，建立网络、实体、热线三位一体、线上线下融合发展的企业公共法律服务平台，不仅可以及时便捷地为企业解决经营发展中的痛点问题，也可以为企业经营提供合规性咨询和建议。在企业遇到纠纷时，通过专业法律人才的介入，不但可以用最小的社会成本解决争议，而且可以梳理总结不同产业及不同行业企业问题的特点，预警企业发展中的法律风险。同时，通过不断强化合作，创新供给侧服务模式，吸纳社会法律服务力量全面参与、协同供给，实现多层次、多领域、多渠道的法律服务供给，充分发挥社会公共法律服务的力量和作用，共同参与企业公共法律服务体系建设。

以某地开发区为例，探索企业公共法律服务供给的创新，积极推动企业公共法律服务体系建设的有益实践。以开发区为依托，创新公共法律服务供给模式，构建区域性企业公共法律服务体系，具有极为重要的现实意义和示范作用。通过企业公共法律服务体系建设，既能实现开发区企业法律服务的普惠均等和高效便捷，又能加强开发区法治建设，助力区域经济高质量发展，营造良好的营商环境。具体实践活动如下。

（1）线上法律服务实践。运用法律+互联网+大数据，整合优化智能法治体检测评系统，通过微信公众号，在线完成法治体检全程并自动生成体验报告。律师为企业提供一对一法治诊断、风险评估和解决方案。企业在线预约律师，获得法律咨询、政策解读，提高服务效能和便捷性，扩大服务覆盖面。建立企业公共法律服务“法务秘书热线”，企业可随时随地打电话进行法律咨询，与律师进行沟通，即时获得法律帮助。

（2）线下法律服务实践。法律服务团队+法务秘书实地走访、上门服务，组织法治宣传、民法典讲座、法律战疫、送服务进企业进楼宇进园区活动；举办共性法律问题讲座，法务人员培训交流，前沿问题座谈研讨；提供公益法律帮扶，为企业涉诉案件提供法律援助。通过多种方式的线下服务，满足企业多元化法律服务需求和公共资源要素的有序流动。

（3）线上服务与线下服务融合发展。某地开发区结合线上的法律服务需求及线下人员力量，充分依托相关协会、研究会，利用社会优质法律服务力量，整合精干内行的法律服务团队，发动广大政治过硬、热心公益、具有专业经验、熟悉企业法律事务、具有团队合作精神、作风扎实的律师、法学专家、法务人员等，深入企业和园区提供“一对一”特色法律服务，根据企业生产经营和依法治理情况，分析企业法律需求和风险点，帮助查找制度漏洞和薄弱环节，健全法律风险防范和矛盾化解机制，提供长效法律保障。

在实践探索中，某地开发区认为企业法律服务专业资源短缺和服务供给数量不足，是构建企业公共法律服务体系有待解决的问题。为满足经济高质量发展的根本要求，企业公共法律服务体系应广泛积极参与科技创新及产业发展相关的科技成果转化、知识产权保护、国际合作、高精专产业法律服务及前沿性法律问题研究，促进公共法律服务向多元化、专业化、高端化发展，为营造法治化营商环境提供全方位法律服务保障，逐步构建由政府主导、社会参与、企业共建共享的法律服务共享机制，实现区域法律公共服务模式的创新。

6 开发区法治建设体系的构建

- 宏观：构建国家层面的开发区法治体系
- 中观：完善开发区及产业发展的法律法规
- 微观：提升企业公共法律服务水平

开发区法治建设是国家以法律形式规范各类开发区的区域和功能定位、体制机制、行政组织、产业发展、企业服务、经济政策、社会管理、法治服务、区域协同等多方面的治理体系和运行规则。本章分别从宏观、中观及微观角度阐述开发区法治建设体系的构建。开发区法治建设环境构建特定开发开放区域高质量持续发展的法治化营商环境，是开发区始终保持蓬勃发展的动力，始终走在国家改革开放前列的有力保障和必然要求。

6.1 宏观：构建国家层面的开发区法治体系

开发区法治建设的宏观环境，可以理解为以国家层面的立法为根本，承上启下，构建起全面协调可持续的开发区法律规范体系，为开发区的长远发展营造法治化的营商环境。法治是最好的营商环境。历经40年的风云变幻、40年的奋勇开拓，开发区迎来了历史上的新起点，迎来了全面依法治国、依法治区的历史契机。

6.1.1 出台国家层面促进开发区发展的法律势在必行

1997年，党的十五大将，“依法治国”确立为我国的基本治国方略，明确提出社会主义现代化的重要目标之一就是“建设社会主义法治国家”，并勾画了社会主义法律体系建设的重大任务。1999年，第九届全国人民代表大会第二次会议通过《中华人民共和国宪法修正案》，“中华人民共和国实行依法治国，建设社会主义法治国家”被写入宪法。2014年10月23日，党的十八届四中全会通过《中共中央关于全面推进依法治国若干重大问题的决定》，全面推行依法治国方略。

到2019年，包括国家级经济技术开发区、国家级高新区在内的国家级开发区的经济贡献可观，其GDP总量已占到全国总量的1/4左右。随着国家区域发展战略的不断推进，自贸区、新区等开发区层出不穷，开发区的发展规模和战略地位将更加凸显。尽快起草并颁布实施国家层面的规范和促进开发区发展的基本法律或普通法律势在必行。2020年10月14日，在深圳经济特区建立40周年庆贺大会上，习近平总书记指出：“深圳等经济特区40年改革开放实践，创造了伟大奇迹，积累了宝贵经验，深化了我们对中国特色社会主义经济特区建设规律的认识。……必须坚持科学立法、严格执法、公正司法、全民守法，使法治成为经济特区发展的重要保障。”

2021年1月10日，中共中央印发了《法治中国建设规划（2020—2025年）》。该规划指出：“法治是人类文明的重要标志，是治国理政的基本方式，是中国共产党和中国人民的不懈追求。法治兴则国兴，法治强则国强。……需要更好发挥法治固根本、稳预期、利长远的保障作用。……必须把全面依法治国摆在全局性、战略性、基础性、保障性位置，向着全面建成法治中国不断前进。”在建设完备的法律规范体系方面，该规划明确提出：“……加强重点领域、新兴领域、涉外领域立法。……加强区域协调发展法律制度建设。……加强京津冀协同发展、长江经济带发展、粤港澳大湾区建设、长三角一体化发展、黄河流域生态保护和高质量发展、推进海南全面深化改革开放等国家重大发展战略的法治保障。”

作为国家对外开放窗口和改革试验田的开发区，经历了几十年的高速发展，数量和质量都发生了巨大变化，也面临着新的发展瓶颈和转折点，特别是在区域定位、管理体制、运行机制、产业政策等方面出现了许多模糊不清的问题、协调的困难、无序的政策、资源的浪费等现象，迫切需要完善的法治环境营造，大力推进法治建设进程，形成良好的法治保障体系。

国内外开发区的发展实践证明，区域发展的法治化水平，极大地影响着区域社会经济发展的总体水平和发展趋势。经过近40年的发展，我国开发区肩负重大历史使命，不仅作为“对外开放的窗口，改革的试验田”，而且已成为国家现代化建设和高质量发展的主力军，为国家的经济建设做出了重大贡献。从宏观层面来看，出台国家层面促进开发区发展的法律势在必行。

6.1.2 国家级开发区立法需解决的关键问题

国家级开发区立法应在总结改革开放及开发区建设的成功经验、关键问题、发展路径等基础上开展。开发区的发展始终围绕着项目引进、企业服务、产业发展等核心任务，同时始终从顶层和基础等多个层面探索和创新相关的体制、机制。从国家层面来看，开发区立法要解决的关键问题主要包含以下几个方面的内容。

第一，明晰国家级开发区的区域定位。自开发区设立以来，我国各类开发区的数量日益增多，区域范围不断扩大，管理体制多种多样，开发区发展面临的内外环境也一直发生变化。开发区管理与原所在行政区域在管辖范围和面积等方面多有交叉。在各类国家级开发区中，只有深圳等五个经济特区，在开发区的区域范围和功能定位方面非常明确和清晰，为开发区营造了稳定、规范、高效的发展环境。

以经济技术开发区为代表的我国众多开发区，一般都采用滚动开发的策略，逐步发展壮大，特别是重点和主要地区的开发区都制定出台了“开发区条例”等地方法规，初步规范了区域和功能定位。作为当地经济发展的功能性特殊区域，开发区以经济发展为目标，通过当地政府派出或委托机构，如“开发区管委会”等管理开发区，促进产业发展和新城建设。

随着近40年的发展，我国开发区在区域定位上也面临一些问题和困惑。作为当地经济发展的主力军，开发区经济实力已不容小觑，在当地占有相当的份额，同时也承担着相当的社会管理职责，但在实际工作中往往只被看作一个简单的经济区域或经济实体，甚至会遇到与其他区域的合并重组。在邮政通信上没有自己特有的名称，还是沿用原所在地区的名称，容易造成误解，也极不利于政策宣传、品牌推广和新城建设。

经过40多年的改革开放，国家级开发区在区域和功能定位方面，确实到了通过立法形式，明确其区域定位，营造规范、稳定的法治化发展环境的时候了。

在未来立法过程中，可以探索多种可行的形式，如参照国家计划单列市的成熟做法，设定国家级开发区为所在省、市、自治区经济发展计划单列区，拥有明确、规范、固定、专属的区域名称（如某某经济技术开发区等），不能随意变动，从法律上明确区域范围和定位。这样就可以澄清模糊认识，支持开发区高效、快速发展。

第二，明确国家级开发区管理机构及其工作权限。正如本书第二章所述，我国开发区有三种不同的管理模式。当前，我国国家级开发区管理机构主要采用其中的两种模式。

首先，部分国家级开发区采用管理委员会模式，单独设立开发区管委会，作为当地政府的派出机构，受当地政府委派、委托，代表政府全面负责开发区的管理、规划和发展工作。例如，位于北京大兴亦庄的北京经济技术开发区管委会，位于天津泰达的天津经济技术开发区管委会等即属于此种模式。

其次，部分国家级开发区采用委托管理模式，即当地政府授权设立（或认可）的国有企业，代表政府全权负责开发区的管理和发展工作。这种模式往往采取受委托企业和政府联合设立服务代理办公室或全权委托企业等形式，开展综合管理和服务工作。例如，上海闵行联合发展有限公司开发和管理的上海闵行经济技术开发区，就是采用委托管理模式进行运作经营的。

另外，采用第一种模式即设立管委会的国家级开发区，往往也会同时开办相应的国有企业，以便配合完成基础设施建设、综合性服务等任务。

国家级开发区管理机构的权限，在最初往往集中在招商引资、经济管理等方面，在社会事务管理上依托所在地政府。在开发区建设初期，这种工作体制有利于集中精力促进经济发展。但经过近40年的发展，开发区管理经验已日臻完善，企业数量日益增长，为了提高管理和服务效能，非常有必要考虑赋予开发区全面的区域管理权限，完善其区域管理功能。

第三，完善国家级开发区的产业发展政策。我国经济特区、经济技术开发区、高新技术开发区等国家级开发区的建设，从20世纪80年代初就开始了。各类开发区的最初发展很大程度上得益于各种产业发展政策如税收优惠等政策的红利。2008年1月1日，《中华人民共和国企业所得税法》实施以后，相关政策发生了变化，经过认证的高新技术企业仍然可以享受所得税优惠政策，但是开发区内的外商投资企业不再享有相关的税收优惠政策。

从国家的未来发展看，开发区一方面承载更多的战略性新兴产业的发展任务；另一方面承载更多的高技术制造业和服务业的创新重任；同时，开发区也面临着转型升级和高质量发展的历史使命。因此，在新的历史时期，探索和规范开发区高质量发展的产业促进政策具有重大意义。

第四，保障国家级开发区的土地供应。我国国家级开发区在建设之初，得到了国家和所在省、市、自治区政府的高度重视和大力支持，各级政府全力保证开发区建设用地的供应及其开发利用，为开发区的最初发展奠定了坚实的基础。

据了解，经过多年的开发建设，国家级开发区可利用的土地资源在逐年减少。开发区不可能无限扩张，更不可能无序发展。为此，对开发区的土地供应，要在总结多年发展经验的基础上，通过立法，设定科学、可持续的土地资源开发管理办法和实现路径。例如，在建立开发区土地使用效果综合考评体系的基础上，规范土地的滚动开发供应。根据单位面积土地经济投入产出情况和开发建设进度、效果等差异化评价指标，综合管理供应土地。应规范国家级开发区在国家区域协同发展战略中的土地使用，建立合作共建共享机制，明确利益分配办法，规范土地闲置和低效土地使用的处置办法等。

第五，加强国家级开发区的社会综合管理。我国开发区建设之初，发展重点在于区域规划、基础设施开发、招商引资、产业促进、企业服务等，主要围绕产业项目、企业投资落地和开工投产等方面开展工作。同时，在所属区域政府的支持配合下，依托或构建教育、医疗、卫生、文化、体育、社区建设、生活服务等综合性社会管理体系。

随着开发区的规模化发展、企业数量的快速增长、就业人口的增加，特别是人民对美好生活的向往，开发区日常生活需求和社会管理体系的建设任务日益突出。在规范国家级开发区社会管理的法治体系建设进程中，应该合理地赋予开发区全面的管理权限，营造良好的营商环境，加强社会综合管理。在开发区社会管理赋权方面，可以采取分阶段、共同推进等办法，做到科学有效、与时俱进。

6.2 中观：完善开发区及产业发展的法律法规

开发区法治建设的中观体系，可以理解为在开发区宏观法治环境中，以产业、行业（或部门）、区域等方面的法律、法规为主构成的开发区综合性法治体制和系统。开发区是一个国家、一个区域发展的缩影和精华，在宏观法治化营商环境中，是一个繁杂、专业、系统的有机体，涉及社会经济发展的方方面面，不仅有招商引资、产业发展、企业服务、科技创新等经济发展工作，还包括了市场监管、财政、税收、海关、规划、土地、环保、教育、文化、体育等，不胜枚举。开发区的发展不仅依赖于明确的发展定位、优越的促进政策、精干的管理机构，更要有系统全面的综合保障体系。开发区的中观运营体系，不仅在国家层面开发区立法中应有明确规范，更应在实际发展中不断完善、深化和提升。

6.2.1 促进高新技术产业发展立法

在开发区建设发展过程中，开发区所处的营商环境和发展定位的影响较大；同时，有关开发区的法律、法规和规范性政策等发展的软环境也是非常重要的一方面。开发区发展中的软、硬两大发展环境，就像车之双轮、鸟之双翼，共同推动着开发区的发展。关于开发区的产业发展环境，首都经济贸易大学出版社2017年9月出版的《京津冀国家级开发区产业发展环境研究》（刘强、马立平等著）已做了很好的阐述。

完善开发区的法律环境是当前科技法治建设及高新技术产业发展的主要任务。知识经济时代，一个显著的特点就是技术创新步伐加快，产品换代周期缩短，高新技术的产业贡献越来越大。为了促进开发区高新技术产业的发展，要注重完善我国高技术发展的法律和法规，特别是高技术法的建设。高技术法用于调整高技术领域中的社会关系，是科技法不可分割的组成部分，其作用在于调整基于高技术的研究、开发、成果转让及商品化、产业化等过程中发生的各种社会关系。有关的高技术法体系，包括政策和法律两个层面。由于高技术具有广泛的社会渗透性，某项高技术一出现就会促使社会关系发生变化甚至导致新的社会关系产生。但是，这种关系随着高技术本身的发展而发展变化，引发的新的法律关系是不稳定的。一般来说，在高技术发展的初始阶段，政府不采取具有稳定性和连续性的法律调节进行干预，对其的调节先由政府临时制定政策；随着高技术的发展，产业应用趋于成熟和稳定，由此引起的法律关系也逐渐趋于稳定，此时的调节政策也逐渐演变成了法律。所以，高技术法的体系内涵比较丰富，不仅包括与高技术有关的政策，也包括广义的法律。具体地讲，高技术法的体系包括政府为推进高技术发展而制定的计划、规划，这些高技术领域的专门立法，主要用于调整某一项或多项高技术领域特有的社会关系。

在促进开发区发展的一系列法律、法规和规范性政策之中，2008年之前，外商投资企业的税收优惠政策，对早期开发区起步和后来的发展都产生了积极的促进作用。现在，虽然企业仍然可以通过获得高新技术企业资格，继续享受国家对高新技术企业的税收优惠政策（所得税税率为15%），但更应与时俱进地思考，在高质量、全球化快速发展的背景下，开发区应对众多创新型企业实行激励政策，特别是处于初创期的从事战略性新兴产业技术创新以及众多高技术制造和高技术服务业中的中、小、微企业。这其中的许多企业，将成为影响开发区乃至一个区域和国家未来发展的希望。

为此，分门别类地探索、提出和规范战略性新兴产业或高新技术产业的相关促进政策，是构建完备的开发区法治建设环境的重要一环。当前，随着知识经济的发展，我国高技术领域发展迅猛，由此引起的社会关系变革也一直处于变化之中，要对其专门立法进行管理还需要一个渐进的过程，对于某些最新出现的问题甚至连调整的原则都还没有达成共识。因此，不断加强高技术产业领域的立法，应该是一个持续的过程，它是我国科技法治建设的重要组成部分。

6.2.2 依法促进各级各类开发区的协同发展

改革开放以来，我国各级各类开发区遍地开花，在区域和产业发展上，已逐步成为国民经济发展的主阵地、主力军。虽然国家级开发区的数量相对较少，占地面积不大，但在发展历史、质量、效益方面，国家级开发区仍有较大优势，对当地经济发展做出了重要贡献，在区域经济发展中有着不可替代的作用。例如，京津冀地区各级各类开发区共计有近300家（数据截至2020年），其中，国家级经济技术开发区共有13家（北京1家，天津6家，河北6家）。统计数据显示，2010年至2015年，京津冀地区国家级经济技术开发区数量从7家增加到13家，创造的地区生产总值占当年京津冀区域经济比重，由6.76%增加到9.68%，上升2.92个百分点。

开发区的发展如何从数量优势转化为质量优势？国家级开发区如何充分发挥带头作用，带动省级开发区提质增效，实现快速发展？开发区的立法如何有效地解决各级各类开发区数量过多、资源使用效率不高等问题？如何借助开发区立法，推进国家区域发展战略的实施？这些都是开发区立法中非常值得考虑和解决的关键问题。

通过开发区法治建设体系的构建，在数量发展上，应该合理限定地方开发区的简单扩张和无序增长。在质量发展上，应该探索国家级开发区和其他开发区在各种资源（特别是建设用地）上的协同合作。对那些发展效益不理想的地方开发区，可让就近的国家级开发区进行委托或归属管理开发。在产业发展上，鼓励产业链相近或产业关联的国家级开发区和地方开发区开展合作配套。在政策发展上，对国家区域发展战略范围内的开发区，在产业发展、科技创新和开发建设投入等方面给予支持，同时明晰利益分配机制。

6.3 微观：提升企业公共法律服务水平

开发区法治建设的微观效能，可以理解为在开发区宏观法治环境和中观法治建设体系影响下，以开发区企业和项目为服务对象的开发区法律服务平台功能与效率。法治建设包括立法、司法、执法、守法等诸多内容和工作环节，国家的法治建设力量终归是有限的，仅仅依靠国家层面的法律服务供给，显然是不够的。随着经济的快速发展，开发区企业和项目涉及的法律问题日益增多，法律服务，特别是高质量、专业化的法律服务需求已成为刚需。在更好发挥政府作用的同时，不断提升市场化的法律服务水平和效能，已成为推进开发区产业发展和法治建设的重要路径和突破口。

6.3.1 企业公共法律服务体系建设的内容

促进我国开发区法律服务体系建设，提升企业公共法律服务水平，需要关注以下几个方面。

第一，法律服务工作必须考虑园区企业发展的实际，与现有服务体系相融合。我国开发区的建设发展是中央从全局高度做出的一项重要战略部署。塑造成熟法律主体、健全法律工作机制，提升法律为企业运营及国有资产管理的保驾护航作用，是提升企业服务水平的一项重要基础性工作。因此，开发区法律工作必须与打造现代市场主体的改革终极目标相一致，克服传统体制下法律意识不强、法律制度不完善等突出问题。为了切实做到法律服务改革、推动改革，一方面，开发区将法律工作与现代法人治理结构建设联系起来，使法律工作与开发区企业运行体系的对接更密切、更直接；另一方面，开发区将法律工作与企业发展工作紧密结合起来，在法律部门与资产管理、战略研究等相关部门之间建立密切的工作联系。

第二，法律服务工作必须紧密结合产业发展实际。当前我国开发区产业发展正处于跨越的关键历史时期。产业化竞争正日益成为推动市场发展的主要动力，客观上要求企业必须明确树立高质量发展的意识，将产业核心能力建设和产业链整体布局作为改革发展的中心任务。企业必须积极推动跨行业、跨领域发展，加快构建综合性的产业核心竞争能力体系。法律必须自觉适应产业发展的上述要求，以产业化的支撑体系为企业经营提供更加有力的保障和服务，将法律服务延伸到业务发展一线，延伸到具体部门岗位，实现法律服务与业务工作的统筹部署与同步展开，取得良好效果。

第三，法律服务工作必须紧密结合开发区市场风险管理实际。随着我国开发区产业化发展趋势的不断深化，开发区利益主体更加多元，利益结构更加复杂，营商环境的法律风险正呈现日益集聚的态势。在这种情况下，单靠一个企业内部的法律部门和法律团队，已无法有效实现对各类风险的全面监控和有效管理。这就需要企业法律工作从市场风险整体管控的全局出发，充分利用外部专业法律机构的经验能力，切实建立内外结合、上下贯通的风险管理体系，最大限度地实现对企业市场经营中各种风险的防范与化解。为切实提升企业法律工作效率与水平，企业可以聘请律师事务所作为常年法律顾问，为企业股权调整、集团重组、重大投资和项目运作提供法律服务，实现全程参与和全面介入，对重要法律文件提供专业性的意见，有力提升各级领导和全体员工的法律意识和风险防范水平。

第四，政府机构需要推动公共法律服务进园区、进企业。政府机构可以通过开展法治调研、法治体检、大调解、送法上门、多样服务等行动，提高涉企公共法律服务供给能力，帮助企业完善治理结构、防范法律风险、合规经营发展，维护园区企业和职工合法权益。通过开展园区企业法律需求摸排，找准企业经营活动的“堵点”“难点”，并结合实际制定专项公共法律服务清单。组建专项法律服务团队，提供专项法治体检服务，优化法律服务方式，提升服务质量。组建服务园区（企业）调解组织，指导商会、企业的调解组织建设，及时化解社会纠纷，加大调解工作培训力度，推广非诉讼解决纠纷机制。组建法治宣讲团队，通过举办讲座、研讨会等形式，开展专项法治宣讲活动，并利用媒介开展法治宣传，宣传典型案例。打造法律服务新模式，推出非传统型公共法律服务方式，提供网络法治课堂、典型案例、在线咨询等法律服务。

企业公共法律服务体系的建设涉及很多方面，包含的内容也较多，综合来看主要包括以下两方面内容：

一是在现有公共法律服务体系中，建立面向企业的公共法律服务体系。在实体平台方面，目前我国已有部分地区在公共法律中心、法律服务站、法律工作室设立服务企业的窗口，向企业提供法律服务，此举可借鉴推广。在实地调研考察的基础上，以各地区企业的类型、所涉及的产业以及企业发展中最有可能遇到的法律风险为主要参考，进而提供与当地企业发展相匹配且全面专业的法律服务。另外，开展公共法律服务进园区及为企业发展提供法律保障的相关活动，包括法治咨询、法治讲堂、法治体检、法治帮扶等系列活动，逐步在园区建立与产业相匹配、专门服务于该园区企业的公共法律服务中心。

在推进公共法律服务进园区、进企业方面，司法行政系统需要起到引领带头作用。建议司法行政系统开展公共法律服务进园区、进企业，优化营商环境法律服务行动，以服务经济技术开发区、高新技术园区、产业园区为重点，推进全业务、全时空公共法律服务体系建设，为加快推动开发区高质量经济发展提供坚实的法治保障。

在网络平台方面，运用互联网信息技术，开设专门为企业提供法律服务的线上“窗口”或平台，更便捷地为企业提供在线服务。此外，还应在该线上“窗口”或平台，一方面梳理我国涉及企业的相关法律法规，为企业学习相关法律法规、依法运营及规避法律风险提供基础资讯；另一方面，按需求整合其他国家涉及企业的相关法律法规，为“走出去”的中国企业提供获得境外相关法律法规的途径和内容，推动涉外法律服务的普及与发展。

在热线平台方面，可在现有企业服务热线的基础上，开设专门向企业提供法律服务的热线。另外，提高热线接线人员在提供企业法律服务方面的专业素养，能够清楚地向来电人员解答相关问题或提供解决问题的渠道。

二是重视中小企业的公共法律服务，推动企业公共法律服务体系建设。2019年，全国经济市场主体为1亿户，包括企业和个体工商户，其中94%是民营企业特别是中小企业。对于中小企业的创建、运营、发展及扩张来说，涉及的法律服务种类复杂，需要专业的公共法律服务；在促进我国中小企业走向世界的举措中，从国家层面提供必要的法治保障以维护我国企业利益及国家利益非常重要。鉴于此，在公共法律服务的顶层设计中，应高度重视我国中小企业所需的法律服务，在国家层面推动有利于保障中小企业发展、扩张的相关措施，深化商事法律服务合作层次，强化知识产权保护国际合作，提升商事争端预防与解决的能力，加强风险防范能力建设，充分利用教育资源，培养能够提供涉外法律服务的复合型法律人才，为中国企业走出国门“保驾护航”。

6.3.2 构建企业公共法律服务体系的相关建议

构建企业公共法律服务体系是一个系统工程，需要相关各方持续不断的努力。在此，本书从体系建设方面和体系维护方面给出相关建议。

在体系建设方面，一是在我国现有公共法律服务体系基础上，开展针对企业的公共法律服务，为构建企业公共法律服务体系奠定基础。二是高度重视我国中小企业的法律服务需求与重点，根据各地具体需求，提供与该地区具体情况相匹配的公共法律服务。三是积极培养企业法律服务人才，尤其是提供涉外法律服务的高精专复合型法律人才。四是从国家层面考虑我国对外合作项目与东道国当地法律契合度的问题。五是重视跨境知识产权诉讼方面的法律服务。六是重视新技术在体系建设中的作用，尤其是人工智能、区块链和云服务这些新兴技术在网络平台和实体平台中的作用。七是重视国内高新技术发展，为高精尖企业提供与之匹配的法律服务，包括技术保护、专利申请等。八是国家层面提前评估新技术、军民融合发展等带来的问题，并为这些技术发展提供法律保护服务。九是在针对企业的公共法律服务中，从风险管控角度出发，系统考虑不可抗力或不可抗拒因素而引发法律问题的法律应对，如贸易战、洪涝灾害、疫情等。十是解决企业公共法律服务体系的供给问题，通过供给侧的模式创新，加强社会参与，如政府购买社会法律服务为欠发达地区提供法律援助，通过公共法律服务平台向企业提供社会法律服务机构。十一是加强企业公共法律服务体系的服务监督，保障服务过程的合法、合规，促进公共法律服务体系的能力建设。十二是加强在法律方面的国际合作，促进我国公共法律服务体系进一步与国际接轨。

在体系维护方面，一是保证充足的经费，维持平台基础设施的维护以及所配备服务人员的薪资。二是关注企业公共服务体系网络平台的网络安全问题、实体平台的信息安全等问题以及第三方服务方的安全问题等。三是加强对服务人员（如窗口服务人员、接线人员以及在线客服人员）的培训，推进服务能力建设。

结 语

开发区法治建设与产业发展，不仅关系到开发区的未来，也关系到国家的文明进步。它是全面建设社会主义现代化国家、实现中华民族伟大复兴中国梦的有力保障。

《法治中国建设规划（2020—2025年）》指出："建设法治中国，应当实现法律规范科学完备统一，……法治信仰普遍确立，法治国家、法治政府、法治社会全面建成。"纵观国际、国内，各行各业，所有事业的辉煌均得益于法治的基础，祖国发展的未来更有赖于法治的完备。开发区的产业发展，不仅要建立在法治建设的根基之上，更要使法治成为开发区产业发展的生存方式、发展的希望。未来，应当结合开发区法治建设与产业发展的实际需要，在宏观层面上构建国家开发区法治建设体系，在中观层面上完善高新技术产业和开发区协同发展的法律法规，在微观层面上提升企业公共法律服务水平。

参考文献

［1］雷磊.深入把握习近平法治思想的理论层次与内外体系［J］.中国司法，2021（03）：6–10.

［2］陈柏峰.习近平法治思想中的法治社会理论研究［J］.法学，2021（04）：3–15.

［3］石佑启，陈可翔.合作治理语境下的法治化营商环境建设［J］.法学研究，2021，43（02）：174–192.

［4］杨雁杰.推进国家法治现代化的价值与路径探析［J］.财富时代，2021（2）：188–189.

［5］翁列恩，齐胤植，李浩.我国法治化营商环境建设的问题与优化路径［J］.中共天津市委党校学报，2021，23（01）：72–78.

［6］祝恬.新时代律师在法治化营商环境建设中的着力点探究［J］.江西广播电视大学学报，2020，22（4）：65–68.

［7］中国开发区协会.2019年中国开发区年鉴［M］.北京：首都经济贸易大学出版社，2020.

［8］陈耀东，刘子睿.天津自贸区绩效梳理与法治化建设［J］.法治现代化研究，2020，4（5）：115–126.

［9］马灵喜.关于自贸区法治建设的几点思考：以山东为例［J］.中国司法，2020（9）：21–25.

［10］北京经济技术开发区年鉴编纂委员会.北京经济技术开发区年鉴（2020）［M］.北京：北京科学技术出版社，2020.

［11］朱文鑫.以法治建设优化自由贸易港营商环境的思考［J］.中国经贸导刊（中），2020（8）：14–15.

［12］石佑启，陈可翔.法治化营商环境建设的司法进路［J］.中外法学，2020，32（3）：697–719.

［13］武常岐，涂政.国家高新技术产业开发区政策与管理［M］.北京：科学出版社，2020.

［14］孙崇明，叶继红.转型进程中开发区管理体制何以“内卷化”：基于行政生态学的分析［J］.行政论坛，2020，27（1）：42–48.

［15］钟枢.法治中国建设述要［M］.北京：当代世界出版社，2020.

［16］宋方青.公共法律服务的科学内涵及核心要义［J］.中国司法，2019（8）：82-83.

［17］赵绘存.天津经济技术开发区创新发展34年回顾与展望［J］.天津经济，2019（1）：3-13.

［18］邹鑫.国家级高新技术产业开发区法治问题研究［D］.武汉：武汉大学，2019.

［19］丁成呈，张敏，姜莘，刘才蓉.重构与扩张：转型期开发区空间生产研究［J］.城市规划，2019，43（7）：67-74，82.

［20］张先锋，刘婷婷.开发区升级与资源配置：替代效应还是示范效应？［J］.现代经济探讨，2019（6）：95-105.

［21］郑智，叶尔肯·吾扎提，梁宜，等.经济技术开发区建设对中国经济格局的影响［J］.经济地理，2019，39（6）：26-35.

［22］李金华.国家级经济技术开发区的不平衡发展及其政策思考［J］.中国地质大学学报（社会科学版），2019，19（3）：108-118.

［23］陈妤凡，王开泳.北京经济技术开发区产城空间的演化及其影响因素［J］.城市问题，2019（05）：46-54.

［24］卞泽阳，强永昌，李志远.开发区政策有利于促进当地企业出口参与吗：基于双重差分方法的验证［J］.国际贸易问题，2019（11）：116-132.

［25］张艳，赵民.中国国家级开发区的实践及转型：政策视角的研究［M］.上海：同济大学出版社，2019.

［26］马立平，池宇，刘强，等.京津冀开发区产业协同发展研究［M］.北京：首都经济贸易大学出版社，2019.

［27］江凌.法治政府建设有关问题研究［M］.北京：法律出版社，2019.

［28］田禾，吕艳滨，赵剑英.法治建设的中国路径［M］.北京：中国社会科学出版社，2018.

［29］王婷婷.改革开放四十年来中国经济技术开发区立法建设的回眸与前瞻［J］.经济法论丛，2018（2）：32-65.

［30］曹帅.公共法律服务体系建设的研究和探索［J］.法制与社会，2018（28）：116-117，130.

［31］邓慧慧，赵家羚，虞义华.地方政府建设开发区：左顾右盼的选择？［J］.财经研究，2018，44（3）：139-153.

［32］曹旭平，张国平.开发区创新驱动发展的核心载体建设：基于江苏花桥经济开发区的调研［J］.科技管理研究，2017，37（17）：115-123.

［33］王金定，何立胜，赵泉民.中国改革开放与开发区建设［M］.北京：人民出版社，2017.
［34］陈剑飞，迟远英，王昕宇.北京经济技术开发区文化创意产业发展规划研究［M］.北京：中国经济出版社，2017.
［35］邹奕.检视开发区管理机构的法律性质：基于规范分析的视角［J］.中南大学学报（社会科学版），2017，23（4）：44–52.
［36］白云龙.我国区域发展中的法治建设必要性分析［J］.中共桂林市委党校学报，2017，17（2）：50–53.
［37］刘强，马立平，任韬，等.京津冀国家级开发区产业发展环境研究［M］.北京：首都经济贸易大学出版社，2017.
［38］徐晓明.向开发区下放行政权力法律问题研究［J］.天津行政学院学报，2016，18（5）：83–89.
［39］宗刚，方磊.产业功能区效率与区域公共交通网络演化特征：以北京经济技术开发区为例［J］.经济地理，2015，35（12）：70–78.
［40］张越，叶高斌，姚士谋.开发区新城建设与城市空间扩展互动研究：以上海、杭州、南京为例［J］.经济地理，2015，35（2）：84–91.
［41］程慧，刘玉亭.从开发区建设到中国特色“边缘城市”发展：南沙的实证研究［J］.国际城市规划，2014，29（4）：39–45.
［42］余宗良. 我国开发区建设的法治化研究［D］.武汉：武汉大学，2014.
［43］余宗良.困境与出路：开发区管委会法律性质之辩［J］.中南大学学报（社会科学版），2013，19（1）：108–113，194.
［44］文献.试论新时期国家经济技术开发区如何培育发展战略性新兴产业：以北京经济技术开发区为案例［J］.经济研究参考，2012（68）：44–48.
［45］杨卫东.中国高新区立法问题研究（上）［J］.中国高新区，2010（1）：87–92.
［46］杨卫东.中国高新区立法问题研究（下）［J］.中国高新区，2010（02）：91–96.
［47］郑国.开发区发展与城市空间重构［M］.北京：中国建筑工业出版社，2010.
［48］尹立，黄海燕.我国经济开发区补贴法律问题研究［J］.中州学刊，2009（3）：90–93.
［49］王慧敏. 上海工业开发区建设和发展的空间效应研究［D］.上海：上海师范大学，2007.
［50］潘波.开发区管理委员会的法律地位［J］.行政法学研究，2006（1）：36–42.
［51］朱容. 法治建设与区域经济发展［D］.成都：四川大学，2005.